학년이 올라갈수록
성적이 저절로 오르는
혼자 공부의 힘

학년이 올라갈수록 성적이 저절로 오르는

혼자공부의힘

초 판 1쇄 2020년 02월 19일

지은이 오지영
펴낸이 류종렬

펴낸곳 미다스북스
총괄실장 명상완
책임편집 이다경
책임진행 박새연, 김가영, 신은서
책임교정 최은혜, 정은희, 강윤희

등록 2001년 3월 21일 제2001-000040호
주소 서울시 마포구 양화로 133 서교타워 711호
전화 02) 322-7802~3
팩스 02) 6007-1845
블로그 http://blog.naver.com/midasbooks
전자주소 midasbooks@hanmail.net
페이스북 https://www.facebook.com/midasbooks425

ISBN 978-89-6637-764-0 13370

값 15,000원

미다스북스는 다음세대에게 필요한 지혜와 교양을 생각합니다.

학년이 올라갈수록 **성적**이 **저절로** 오르는 혼자 공부의 힘

오지영 지음

미다스북스

prologue

오늘부터 꿈을 좇는 혼공을 하라!

"아, 진짜 이놈의 인생 매일 시시하고 재미없어."

우연히 길을 지나가다 한 고등학생이 친구에게 말하는 소리를 들었다. 나는 그 친구를 붙잡고 이렇게 물어보고 싶다.

"인생이 시시하고 재미없다고?"

"지금 당신은 간절하고 처절할 만큼 이루고 싶은 꿈이 없어서 그렇습니다."

이 글을 읽고 있는 당신은 간절한 꿈이 있는가? 간절한 꿈이 없다면 지금 당장 이루고 싶은 꿈을 생각해야 한다. 그리고 매일 그 꿈을 향해 노력해야 한다. 그 노력은 간단하다. 바로 공부다. 오직 공부로만 그 꿈을 이룰 수 있다는 강한 믿음을 가져야 한다. 학창 시절 우리가 해야 할 일은 첫째도 둘째도 공부다. 그게 우리에게 주어진 과업이다. 학창 시절 인

Chapter 2

열심히 공부해도 성적이 오르지 않는 이유

Chapter 3

나만의 공부 주도권을 잡아주는 공부의 기술

Chapter 4

가장 현실적이고 가장 실천하기 쉬운 혼자 공부법

Chapter 5

바로 오늘부터 혼공하라!

“
이것만은 꼭 기억하자.
공부를 잘하는 친구는
분명한 목표 의식을 가지고 있다는 것을.
”

그 친구들이 공부를 더 잘하는 이유

Chapter 1

핵심노트 ① 이것만은 꼭 기억하자!

1등급 받는 친구들의 공부법, 그것이 궁금하다

1. 1등급 받는 친구들은 스스로 질문하는 것을 습관화한다

1등급 받는 친구들은 공부를 할 때 스스로 질문한다. 개념을 자신의 언어로 바꾸기 위해 노력하는 것이다. 공부를 할 때는 생각 없이 글만 쭉 읽어서는 절대 안 된다. 개념을 스스로 질문하고, 나만의 언어로 바꾸기 위해 노력해야 한다.

2. 1등급 받는 친구들은 자투리 시간을 완벽하게 활용한다

고등학생이 되면 하루의 대부분을 학교에서 보내게 된다. 쉬는 시간을 포함하면 나에게 엄청난 자투리 시간이 생긴다. 또한 수업 시간, 선생님께서 잠시 잡담을 하는 그 시간도 자투리 시간이 되는 것이다. 이런 시간이 하루에 쌓이면 얼마나 많이 될까? 한번 계산해보는 것도 좋을 것이다. 공부를 잘하는 친구는 결코 이 시간을 속절없이 흘러가게 내버려두지 않는다. 이 시간 또한 혼자 공부하는 시간으로 활용한다. 1등급 받는 친구들은 이 시간을 어떻게 활용할까?

1) 영어 단어를 반복해서 읽는다

외운다는 표현보다는 반복해서 읽는다는 표현이 맞다. 자투리 시간에는 영어 단어를 읽어야한다. 영어 단어는 따로 시간을 내서 공부하는 것이 아니다. 자투리 시간이 생길 때마다 영어 단어를 반복해서 읽는 것이다. 반복해서 계속 읽다 보면 자신도 모르게 영어 지문이 읽히는 날이 다가온다.

2) 잘 풀리지 않은 문제를 푼다

문제를 풀다 보면 잘 풀리지 않는 문제가 생긴다. 공부를 잘하는 친구는 자투리 시간에 풀리지 않은 문제를 고민한다. 쉬는 시간 자투리 시간에는 직접 써가며 풀어본다. 선생님의 수업 시간 중 생기는 자투리 시간에는 머릿속으로 풀리지 않은 문제를 계속해서 되뇐다. 수업 시간, 공부를 잘하는 친구는 가만히 앉아 있지 않는다. 우리 눈에는 가만히 앉아 있는 것처럼 보이지만 머릿속으로는 끊임없이 문제를 반복해서 풀고 있는 것이다.

3. 1등급 받는 친구들은 교과의 각 부분까지도 세세하게 공부한다

공부를 잘하는 친구들은 교과별로 공부하지 않는다. 교과 안에 있는 부분까지도 공부한다. '국어 영역'만 공부하지 않고, '국어 영역' 안에 있는 문학, 비문학 등 세세하게 나눠서 공부를 하는 것이다. 교과의 부분까지 나누는 것은 매우 중요하다. 이는 오답 노트를 활용할 때도 유용한 방법이다. 각 부분까지 나눈 오답 노트를 만들면 내가 부족한 부분이 어느 부분인지 금방 파악할 수 있다. 지금까지 교과별로 공부하는 습관을 들였다면, 이제는 교과의 각 부분까지도 세세하게 파악하는 공부를 하자.

4. 1등급 받는 친구들은 공부 멘토가 있다

공부 멘토는 매우 중요하다. 풀리지 않는 문제나 개념을 단 몇 분, 몇 초 만에 해결하는 기적을 맛볼 수 있기 때문이다. 멘토는 선택이 아닌 필수다.

5

공부의 주인이 되자 성적이 올랐다

들은 것은 잊어버리고, 본 것은 기억하고 직접 해본 것은 이해한다.
–공자

피나는 노력이 있어야만 공부의 주인이 된다

"수학 2번, 4번, 7번, 9번, 15번, 18번, 19번 틀린 사람 앞으로 나와!"

6학년 담임 선생님은 맨 앞에 앉아 있는 내 수학 시험지를 들여다보고 있다. 내가 틀린 문제만 죄다 부른다. 문제를 틀린 친구들이 앞으로 나왔다. 나 역시 풀이 죽은 채 끌려 나갔다. 한 대만 맞고 들어간 친구도 있고 나처럼 7대를 다 맞고 들어간 친구도 있었다. 나는 그날 모든 과목을 다 합해 40대가 넘는 매를 맞았다. 손바닥에 피멍이 들고 연필을 쥐고 있으면 욱신거렸다.

나는 공부의 노예였다. 내가 공부의 주인이 되지 못해 내 손바닥은 그렇게 피멍이 들었다. 멍 자국은 공부 노예의 증표였다. 중학생이 되고 나는 여전히 정신을 차리지 못했다. 공부를 열심히 하지 않았다. 친구들과 어울려 놀러다니느라 바빴다. 내가 생각하는 공부는 벼락치기 공부가 전부였다. 중간고사 기말고사를 보기 전에 교과서만 슬쩍 살피는 정도에 불과했다. 바로 전날에 내일 시험 치를 과목들을 들여다봤다. 그러니 제대로 보지 못하고 시험을 치른 과목이 꽤 있다. 이런 식의 공부가 반복되니 늘 형편없는 점수를 받았다. 항상 중하위 수준의 성적을 유지했다. 그래도 나는 이것도 나름 잘하는 거라며 만족했다. 지금 생각해보면 참 어리석은 생각이다.

고등학생이 되고 나는 인문계에 진학했다. 처음으로 치른 반 배치고사는 전교 300명 중 250등이었다. 그러려니 했다. 공부에 대한 분명한 목표 의식이 없으니 내 등수에 별로 놀라지 않았다. 학년이 올라갈수록 성적을 올려야겠다는 의지가 나에게는 없었다. 그 해 2002년 월드컵이 개최됐다. 길거리뿐만 아니라 교실에서도 월드컵 응원 열기가 뜨거웠다. 우리는 야간 자율 학습을 하지 않고 축구 경기를 관람했다. 붉은 악마를 상징하는 빨간색 수건을 열심히 흔들면서 말이다.

축구 열기가 한창일 때, 나는 우연히 축구선수 박지성의 어린 시절을 다룬 TV 프로그램을 시청하게 됐다. 우리는 그를 '두 개의 심장, 박지성'

이라고 부른다. 전반전, 후반전 경기를 모두 뛰어도 그의 얼굴은 항상 힘든 내색 하나 없다. 마치 이제 막 경기가 진행된 것 같은 느낌을 준다. 그에게는 항상 열정이 넘쳤다. 그 열정이 축구공을 지배했다. 그가 이렇게 축구의 주인이 될 수 있었던 비결을 알고 나는 실로 놀라웠다.

박지성은 어린 시절에 축구공을 종일 찼다고 한다. 그것도 이를 악물고 연습했다고 한다. 어린아이가 이를 악물고 축구 연습을 했으니 결국 박지성의 어금니가 깨져버렸다. 나는 이 내용을 알고 충격을 받았다. 어린아이가 얼마나 이를 악물고 연습을 했으면 치아 중 제일 강한 어금니가 깨진단 말인가?

'쟤는 그냥 어렸을 적부터 공부를 잘했으니까 쭉 잘하는 거야.' 우리는 항상 공부를 잘하는 친구를 보며 이렇게 생각한다. 우리는 그 친구가 공부를 잘하게 되기까지의 과정을 생각하지 않는다. 그 친구 역시 공부의 주인이 되기까지 피나는 노력을 했을 것이다. 축구선수 박지성의 어금니가 깨지는 고통만큼의 노력일 것이다. 박지성의 어린 시절을 보고 난 후 '나도 공부의 주인이 돼야겠다.'는 생각을 했다. 이왕 공부하기로 마음먹은 거 대충 할 수는 없었다. 지금처럼 공부하면 나는 절대 성적을 올릴 수 없었다. 성적을 올리지 못하면 나는 여전히 '매 맞는 오지영'에 머물러 있게 된다.

공부 목표가 있어야 공부의 주인이 된다

당신이 공부를 대하는 마음가짐은 정말 중요하다. 그 마음가짐으로 내가 공부의 주인이 될 수도 있고, 반대로 공부가 나를 짓누를 수도 있기 때문이다. 우리는 공부의 주인이 돼야 한다. 공부의 주인이 되려면 '왜 공부를 해야 하는가?'에 대한 물음에 답할 수 있어야 한다. 어설픈 대답은 안 된다. 주인이 되려면 그 과정에서 엄청난 노력을 해야 하기 때문이다. 피나는 노력을 기꺼이 감내할 수 있는 목표 의식이 있어야 한다.

고등학생 시절 한 달에 한 번씩 두발 검사를 실시했다. 내가 고등학생이던 시절은 두발 자유화가 되기 전이었다. 나는 타고난 갈색머리로 선생님들께 매를 많이 맞았다. 선생님들은 나를 '갈색머리로 염색한 학생'이라고 낙인찍었다. 머리를 검정색으로 염색해도 일주일을 채 못 넘겼다. 금방 갈색머리가 올라왔다. 매달 매 맞는 것이 죽도록 싫었다. '두발 검사에서 탈출하기.' 이렇게 내 첫 공부 목표가 생겼다. 공부의 주인이 되리라 마음먹었다.

공부의 주인이 되는 방법은 의외로 간단했다. 먼저 벼락치기했던 내 공부 방법을 바꿨다. 시험 기간이 아니어도 꾸준히 의자에 앉아서 책을 들여다보았다. 그동안 제대로 된 공부를 한 적이 없던 나는 의자에 앉아 있기가 힘들었다. 하지만 그럴 때마다 나는 속으로 중얼거렸다. '두발 검사가 다가오고 있다. 두발 검사가 다가오고 있다.'라고 말이다. 반드시 성적을 올려서 더 이상 매를 맞지 않겠다고 다짐했다. 이 악물고 공부했다.

매달 반복되는 두발 검사는 나에게 큰 공부 동기 자극이 되었다. 기말고사를 한 달 앞두고 두발 검사가 실시됐다. 그날 나는 매를 맞으며 속으로 외쳤다. '이렇게 매 맞는 날도 오늘이 마지막이다!' 그 해 11월 두발 검사가 끝나고 12월 기말고사가 다가왔다. 고등학교 1학년 마지막 시험이었다. 그동안 받았던 설움을 토해내듯 나는 집중하며 시험지를 풀었다. 그 결과 나는 우리 반에서 3등을 했다. 중간고사 결과 반에서 18등을 했던 내가 기말고사 이후 3등까지 올라간 것이다. 이 성적을 계기로 고등학교 졸업을 할 때 나의 내신 점수는 반에서 2등을 차지했다.

고등학교 2학년이 된 후 우리 학교는 새로 오신 선생님들로 싹 바뀌었다. 다들 처음 본 선생님들이었다. 그리고 3월 첫 두발 검사가 실시됐다. 선생님께서 내게 다가왔다. 나는 선생님을 보며 말했다.

"선생님, 제 머리카락 색깔 타고난 갈색이에요. 염색한 거 아니에요."

"네 이름이 뭐야?"

"오지영입니다."

선생님은 잠시 종이를 꺼내 살폈다. 솔직히 어떤 내용의 종이를 살핀건지 지금도 잘 모르겠다. 종이를 보고 난 후 선생님께서 말씀하셨다.

"그래, 네가 1학년 때 기말고사 3등한 학생이구나. 앞으로도 공부 열심히 해."

나는 고등학교 2학년이 되고 난 후 단 한 번도 매를 맞은 적이 없다. 공부를 하고 있는 당신도 학교에서 나처럼 불합리한 경험을 당한 적이 있는가? 아니면 지금 내가 처한 이 현실에서 벗어나고 싶은가? 그렇다면 해결책은 간단하다. 나처럼 공부의 주인이 되는 것이다. 공부의 주인이 되는 것은 생각보다 어렵지 않다. 지금 내가 처한 현실을 반복해서 생각하면 된다. 간절한 벗어남이 내 마음 깊은 곳에서 용솟음칠 때까지 말이다. 공부를 하게 되며 겪게 되는 시련은 나를 공부의 주인이 되도록 이끌어주는 원동력이다. 절대 공부의 방해 요소가 되지 않는다. '나는 원래 공부를 못하니까. 공부에 관심이 없으니까.' 하며 공부를 외면하면 안 된다. 외면하면 할수록 더 답답한 현실이 밀려와 결국 당신의 숨을 턱턱 막히게 할 수 있다. 니체는 "우리에게 가장 큰 영광은 바로 모든 사람이 실의에 빠진 날들을 겪었다는 것이다."라는 유명한 말을 남겼다. 공부로 겪게 되는 좌절은 우리에게 큰 영광이다. 그 영광을 많이 가진 사람일수록 남들보다 한 발 앞서 공부의 주인이 될 수 있다. 무엇이든 좋다. 지금 내가 처한 어려움을 떠올려보고 적어보자. 많으면 많을수록 좋다. 그 어려움을 공부로 다 해결할 수 있다는 믿음을 가져야 한다. 그 믿음이 쌓이면 어느새 당신은 공부의 주인이 돼 있을 것이다.

6

자퇴, 제대로 된 독학을 시작하다

교육은 최상의 노후 대비책이다.
-아리스토텔레스

1년의 대학 생활 후, 자퇴를 결심하다

2005년 그해 겨울, 100년만의 폭설이 내렸다. 대학교 캠퍼스는 쥐 죽은 듯이 고요하다. 아무도 나오지 않은 이른 아침, 누구 하나 밟지 않은 눈길을 내가 밟고 있다. 쌓인 눈이 무릎까지 차오르지만 왠지 설레고 들뜬 기분이 든다. 그렇게 아무도 밟지 않은 길에 오직 내 발자국만의 흔적이 남았다. 나는 소리 소문 없이 내가 다녀간 흔적만을 남긴 채 집으로 돌아왔다. 나는 그날 마지막 발자국을 남기고 자퇴를 했다.

누군가는 나에게 이렇게 말할 것이다. '눈을 다 치우고 간 다음에 가야지. 뭐 하러 먼저 밟아서 바지도 젖고, 신발도 젖고. 무슨 개고생이야?

아니면 다른 사람들이 만들어 놓은 자국을 따라가면 되잖아?'라고 말이다. 나는 누군가가 이미 만들어놓은 발자국을 생각 없이 따라가고 싶지 않았다. 힘들어도 오직 나의 힘으로 내가 갈 길을 만들고 싶었다.

고3 수능 당일, 내 컨디션은 엉망이었다. 심한 감기 몸살에 엎친 데 덮친 격으로 마법의 그날까지 왔다. 결국 코 풀고 생리통으로 배만 붙잡다 하루가 끝나버렸다. 허망했다. 그동안의 노력이 한순간에 물거품처럼 사라져버렸다. 눈물이 흘렀다. 하지만 누구에게 하소연할 수도 없었다. 내 몸을 제대로 관리하지 못한 내 책임이 크기 때문이다. 한 달 뒤, 수능 결과가 나왔다. 결과는 처참했다. 5등급, 아니 사탐은 6등급까지 있었다. '재수해서 다시 수능을 볼까?'라는 생각이 잠시 스쳐 지났다. 하지만 이내 포기했다. 나는 이미 납득할 수 없는 결과에 무너져 있었다. 나는 나를 믿을 수 없었다. 두려웠다. 결국 재수를 선택하지 않고 내 등급에 맞는 대학교를 지원하기로 마음먹었다.

여러 군데의 대학교에 지원했고 그중 집에서 가까운 대학교의 영문과에 합격했다. 대학교 캠퍼스에 한 발짝 내딛는 순간 언제 풀이 죽었냐는 듯이 내 마음에 생기가 돌았다. 고3 생활을 탈출했다는 행복감이 물밀 듯이 밀려왔다. 대학교 친구들과 함께 최선을 다해 놀았다. 영문과의 모든 행사에 다 참석했다. 술자리도 마다하지 않았다. '이게 바로 인생이지!' 하며 나는 대학교 생활을 찬양했다.

늘 공부는 뒷전이었다. 언제 내가 공부를 했을까 싶을 정도로 열정을 다해 놀았다. 공부할 때는 시간이 그렇게 안 가더니 놀고 나서 보니 1년이 훌쩍 지났다. 대학교 2학년 1학기 수강신청을 해야 했다. 친한 친구들과 모여서 어떤 강의를 수강할지 한창 이야기하고 있었다. 그중 한 친구가 3년 전에 졸업한 선배의 이야기를 꺼냈다.

"야, 들었어? 은주 언니 이번에 또 유학 간대. 벌써 몇 번째 유학인가 몰라."

"그 언니 왜 그렇게 유학을 자주 가? 영어 못해?"

"아니, 영어회화 잘하지. 토익도 800점 거뜬히 넘는다던데.

"그런데 왜 또 유학을 가겠다는 거야?"

"스펙 쌓으려고 가는 거겠지. 우리 같은 지방대 영문과가 서울 가서 취직하려면 하늘의 별 따기만큼 어려우니까."

"……."

나는 순간 말을 잇지 못했다. 1년 동안 애써 외면했던 미래의 내 모습을 적나라하게 보고 있는 느낌이 들었기 때문이다. 나는 대학생이 된 후 한 번도 속대화를 하지 않았다. 하지만 오늘만큼은 진지하게 내 내면의 소리를 들어야만 했다.

'지영아, 왜 영문과에 갔지?'

'.......'

'다시 물을게. 너 왜 영문과에 간 거야?'

'........'

나는 이미 답을 알고 있었지만 대답할 수 없었다. 내 자신이 부끄러웠다. 점수에 맞게 대학교를 지원한 내가 너무 한심했다. 나는 고등학생 시절 성적이 올라갈 때마다 참고서, 문제집에 '광주교대 오지영'이라는 문구를 썼다. 그리고 마치 교대생인 것처럼 행동했다. 나는 이날 진지한 속 대화를 하고 나니 더 이상 영문과를 다닐 이유가 없었다. 계속 다닌다는 것은 나를 포기하는 것과 같았다. 다시 내 꿈에 도전해야겠다고 다짐했다.

이번에는 두렵지 않았다. 나의 분명한 목표가 있기 때문이다. '교육대학교에 가야 한다.'는 명확한 목표가 나를 다시 의자에 앉게 만들었다. 그리고 다음 날, '100년만의 폭설'이라는 뉴스 기사가 TV에서 흘러나왔다. 소복이 쌓인 눈을 밟으며 나는 그날 자퇴를 하고 왔다. 내 선택에 아무런 미련도 후회도 남기지 않으리라 생각하면서 말이다.

험난한 길, 독학을 선택하다

세상에는 많은 길이 있다. 크게 두 가지로 분류하자면 잘 다져진 길과

험난한 길이 있다. 험난한 길이어도 많은 사람들이 지나간 길이라면 잘 다져진 길로 변한다. 그래서 그 길은 걷기가 쉽다. 남이 밟아놓은 흔적만 따라가면 되기 때문이다. 하지만 이렇게 쉬운 길만 가다 보면 내가 얻을 수 있는 것은 단 하나도 없다. 무엇인가 깨달을 수도 없다. 반면에 험난한 길은 그 길을 지날수록 생각할 수 있는 지혜를 준다. 내가 직접 부딪히면서 길을 만드는 방법을 터득하게 되는 것이다. 그 과정은 매우 힘들 수 있다. 때로는 크게 상처를 받을 수 있다. 하지만 포기하지 않고 쭉 간다면 그 길의 끝에 다다랐을 때 엄청난 성취감을 맛보게 된다. 그 길을 밟기 전과 밟은 후의 나로 완전히 달라져 있을 것이다.

나는 자퇴를 했다. 그리고 내게는 두 갈래의 길이 있었다. 하나는 잘 다져진 길인 '재수학원, 기숙학원'이다. 이 길을 선택하면 고등학생 시절로 돌아가기만 하면 된다. 학원에서 알아서 밥상을 차려주니 나는 '펜'이라는 숟가락만 올리면 된다. 또 다른 길은 혼자서 공부하는 험난한 길이다. 이 길을 선택하면 아무도 밟지 않은 길이라 처음부터 끝까지 나의 진두지휘 하에 움직여야 한다. 잘못하면 막다른 길로 갈 수도 있다. 또한 중간에 어떤 길이 나올지 모른다. 그때마다 내가 직접 해결해야 한다.

나는 잘 다져진 길보다 험난한 길을 가고 싶었다. 그래서 혼자 공부를 택했다. 나를 믿고 싶었다. 모든 것을 온전히 나에게 일임하고 싶었다. 그렇게 시간은 흐르고 2006년이 됐다. 내 친구들은 여전히 대학교 캠퍼스에 머물렀다. 나는 늘어진 흰 티에 보풀이 일어난 트레이닝 바지를 입고 매일 집 근처 도서관을 향했다. 두려움보다는 해낼 수 있다는 자신감이 컸다. 모든 것을 나 스스로 해야 하니 공부 스케줄을 빡빡하게 정리했다. 아침 7시에 기상해서 자정까지 공부하는 시간을 정했다.

수능이 끝나기 전까지 그 누구도 만나지 않으리라 다짐했다. 이미 고등학생 시절 혼자서 공부하는 시간을 많이 늘렸다. 또한 공부를 잘하는 친구들과 과외 선생님께 제대로 된 공부법도 배웠다. 혼자 공부하는 길을 가면 혼자서 공부하는 시간을 늘릴 수 있다. 게다가 효과적인 공부법도 알고 있으니 나에게는 일거양득 아니겠는가? 나는 그렇게 나를 믿었고 나를 지지했다. 이렇게 앞으로 있을 1년간의 지독한 독학의 길을 걷게 됐다.

누구나 인생을 살며 선택의 기로에 서게 된다. 하물며 볼펜 한 자루를 살 때도 우리는 어떤 디자인을 살지 고민하고 선택한다. 선택의 기로에 섰을 때 매번 당신은 편한 길만 선택할 것인가? 때로는 험난한 길을 택할 줄 알아야 한다. 그래야 나를 더 믿을 수 있고 남이 아닌 내 안에서 해결책을 얻을 수 있기 때문이다. 그러니 내가 선택한 길이 남들과 다르다는 이유로 좌절해서는 안 된다.

공부를 할 때도 마찬가지다. 나에게 집중하면 내 안에서 정답의 실마리를 찾을 수 있다. 지금 당신이 남들과 다른 공부의 여정을 밟아서 힘들다면 그럴 필요가 전혀 없다. 그 길의 끝에 당신을 향한 희망이 기다리고 있으니 말이다.

7

왜 나는 혼자 공부를 택했을까?

어떤 것을 완전히 알려거든 그것을 다른 이에게 가르쳐라.
– 트라이언 에드워즈

당신 마음의 집은 현재 어떤 상태인가?

아기 돼지 삼형제가 있다. 형제들은 집을 짓기 위해 집을 나섰다. 첫째 돼지는 갈대를, 둘째 돼지는 나무를, 셋째 돼지는 흙과 벽돌을 준비했다. 첫째 돼지는 갈대 집을 지었다. 둘째 돼지는 나무로 된 집을 지었다. 마지막으로 막내 돼지는 벽돌과 흙으로 견고한 집을 지었다. 늑대가 오자 첫째 돼지의 갈대 집은 늑대가 분 바람에 속절없이 날아가 버렸다. 둘째 돼지의 나무집은 늑대의 발길질에 무너져 버렸다. 마지막 막내 돼지 집은? 늑대가 아무리 바람을 불고 발길질을 해도 눈 하나 깜짝 하지 않았다. 그렇게 세 형제는 막내 돼지 집에서 행복하게 잘 살았다.

동화 '아기돼지 삼형제' 이야기다. 돼지 형제의 집을 우리 마음에 비유한다면 당신 마음의 집은 어떤 형제의 집과 비슷한가? 갈대 마음 집을 갖고 있다면 당신은 누군가의 말 한마디에 쉽게 상처받고 무너질 것이다. 시련에 금방 휘둘리고 좌절할 것이다. 만일 당신이 나무 마음 집을 갖고 있다면 어느 정도의 시련은 견뎌낼 수 있을 것이다. 하지만 늑대의 발길질 같은 어려움이 닥치면 한 번에 무너져 내릴 것이다.

나는 대학교를 1년만 다니고 자퇴했다. 다시 공부를 해서 수능에 도전해야겠다는 목표가 생겨서다. 시간을 낭비하며 대학교 생활을 지속하고 싶지 않았다. 대학교 생활의 연속은 나에게 부질없는 짓이었다. 1년의 공부를 유지하기 위해 나에게는 두 가지의 선택이 있었다. 첫 번째는 재수학원을 다니는 것이다. 재수학원을 다니면 일단 편하다. 학원에서 만든 커리큘럼대로 움직이면 되니까 말이다. 고3 생활의 연속이라고 생각하면 된다. 오전, 오후까지 수업을 듣고 저녁에는 야간 자율 학습을 하면 된다. 장소가 학교에서 학원으로만 바뀌었을 뿐이다.

두 번째는 혼자 공부이다. 독학으로 1년 동안 공부하는 것이다. 오직 내가 나의 공부량과 공부 시간을 정해야 한다. 누군가와 내 공부 시간을 의논할 수는 있겠지만 결국 모든 선택은 내 마음먹기에 달렸다. 옆에서 누군가 공부를 시키지도 않는다. 내 자유의지에 맡겨야 한다. 나는 고등학생 시절, 성적을 많이 올리며 공부 속대화를 많이 했다. 그래서 나에 대해 잘 파악할 수 있었고 내가 선호하는 공부 패턴을 잘 알고 있었다. 나는 내 마음의 집이 벽돌과 흙으로 만든 견고한 집이라고 생각했다. 힘든 독학을 선택했어도 나는 내가 꾸준히 공부를 잘 해나가리라 믿었다.

독학을 선택한 이유 중 경제적인 문제 또한 무시할 수 없었다. 넉넉지 않은 형편에 부모님께 재수학원에 보내 달라 말할 수 없었다. 재수학원을 다니게 되면 매달 많은 돈이 나갈 것이고, 그 돈을 부모님께서 감당하기 힘드시리라 생각했다. 그래서 결국 나는 재수학원을 선택하지 않았다. 어렵고 힘든 여정이 될 독학의 길을 택했다.

누군가는 어려운 길을 선택하게 됐을 때 환경 탓을 하며 부정적인 말을 내뱉기도 한다. 더 나은 환경과 자꾸 비교하고 지금 자신이 처한 환경에 분노한다. 하물며 어떤 사람은 환경 탓을 하며 공부를 쉽게 포기하기도 한다. 모두 바보 같은 생각과 행동이다. 오히려 어려운 환경이 공부를 더 잘할 수 있게 만들어주는 추진력 역할을 해준다. 매해 수능이 끝나면 수능 만점자에 관한 인터뷰 기사가 신문이나 TV 뉴스에 보도된다.

대부분 어려운 환경 속에서도 공부를 열심히 한 학생들이다. 그중 한 친구는 섬에 살고 있어 사교육을 전혀 받을 수 없었다. 그래서 그 학생은 혼자 공부를 택했다. 아니, 혼자 공부의 길을 선택할 수밖에 없었다. 그 친구는 어려운 환경을 긍정적인 마음으로 받아들인 것이다. 섬에 살고 있기 때문에 공부를 포기한 것이 아니라 섬에 살고 있는 덕분에 공부를 더 붙잡을 수 있었다.

혼자 하는 공부는 튼튼한 마음의 집을 짓는 것과도 같다

공부를 혼자 하는 것은 내 마음의 집을 견고하게 만드는 것과 같다. 마음의 집 뼈대를 세우고, 그 자리에 흙과 벽돌을 나르고 어떤 발길질에도 무너지지 않는 집을 짓는 것이다. 이렇게 마음의 집을 잘 짓고 나면 누군가의 부정적인 말에 쉽게 상처받지 않는다. 시험성적이 떨어졌어도 좌절하지 않는다. '이 시험을 계기로 나에게 부족한 개념을 알게 됐어.'라며 그 부분을 집중해서 공부하게 된다.

이렇게 혼자 공부한다는 것은 성적을 올릴 수 있을 뿐만 아니라 '나'라는 사람을 진지하게 알아갈 수 있는 좋은 수단이다. 학창 시절에는 나라는 사람을 진지하게 들여다 볼 여유가 없다. 아침부터 저녁까지 이어지는 학교 수업을 정신없이 듣다 보면 어느새 하루가 거의 마무리된다. 하교 후 곧장 인터넷 강의를 듣거나 학원을 간다면 나와의 대화를 전혀 나눌 수 없다. '나'라는 사람의 공부 성향을 제대로 알지 못한 채 하루가 지나가 버린다.

2006년 3월, 나는 부푼 마음을 가득 안고 도서관을 향했다. 마치 고3으로 돌아간 느낌이었다. 나는 과목별로 모든 기본서를 새로 샀다. 새로운 마음으로 새롭게 시작하고 싶었다. 하지만 막상 도서관을 향하며 나는 이런저런 생각에 휩싸였다. '내가 잘할 수 있을까? 잘 선택한 길일까?'라는 고민을 하며 도서관에 도착했다. 나는 그날 아침 8시에 도착해서 저녁 6시까지 공부하기로 다짐했다. 점심밥 먹는 시간을 제외한 9시간은 내게 있어 적은 시간이었다. 거뜬히 해낼 수 있으리라 생각했다. 하지만 막상 의자에 앉고 보니 내 몸은 생각만큼 내 마음을 잘 따라오지 못했다.

아직도 내 몸은 대학교 1학년 영문과 캠퍼스를 누비고 있었다. 한 시간이 지나고 나니 의자에 앉아 있는 게 고욕이었다. 분명 고등학교 3학년 때는 12시간 이상을 혼자 공부했던 나였다. 그랬던 내가 1시간을 못 버티고 있으니 무척 실망스러웠다. 마음을 다 잡고 공부를 하려고 발버둥 쳤지만 내 눈은 엉뚱한 시계만 쳐다볼 뿐이었다. 내 마음의 집이 견고할 것이라고 생각했는데 그렇지 않았다. 갈대처럼 흔들리고 무너져버렸다. 대학교 2학년 생활을 즐겁게 하고 있을 친구들이 떠올랐다. 부러웠다.

분명히 나는 확고한 공부 목표를 잡고 자퇴를 했는데 내 마음은 싱숭생숭했다. 자꾸만 '네가 할 수 있겠어?'라는 부정적인 방향으로 흘러갔다. 심지어 열 번을 넘게 봤던 기본서 내용이 마치 처음 본 내용처럼 낯

설었다. 익숙하리라 생각했던 내용이 낯설음으로 다가오니 내 선택이 두려웠다. 성적이 오르지 않을 것만 같았다. 도서관에 앉아 있는 내내 내 마음은 이런저런 생각에 무척 시끄러웠다. 자꾸만 시끄러워지는 소리에 도서관에 앉아 있을 수가 없었다. 독학 첫날, 점심으로 싸간 도시락도 먹지 못한 채 그렇게 허무하게 집으로 돌아왔다.

용두사미가 따로 없었다. 당당하게 자퇴를 했던 오지영의 모습이 없어졌다. 두려움에 떨고 있는 오지영만이 남아 있었다. 대책이 필요했다. '부모님께 말씀드려볼까?'라는 생각이 들었지만 이내 마음을 접었다. 학창시절 중요한 결정을 해야 할 때 나는 대부분 혼자 결정하고 혼자 해결했다. 부모님의 사이는 항상 좋지 않았고, 그런 내게 두 분의 감정 주머니는 항상 작게 느껴졌다. 안 그래도 작은 부모님의 감정 주머니를 내 고민으로 더 작게 만들고 싶지 않았다. '대학교 친구들을 만나서 이야기해볼까?'라고 생각했지만 재미있게 놀고 있을 내 친구들의 모습이 스쳐 지나갔다. 이미 그들의 고민과 나의 고민은 내가 자퇴를 선택한 순간 달라졌다. 결국 내 힘으로 '내 마음의 흙과 벽돌이 될 만한 것을 찾아야겠다.'라고 생각했다. 내가 선택한 길이니 내 마음의 뼈대를 내가 다시 세워야만 했기 때문이다.

고민 끝에 고등학교 시절 유독 책을 좋아했던 친구가 떠올랐다. 그 친구는 쉬는 시간이면 자리에 앉아 항상 책을 읽고 있었다. 교실이라는 같은 공간에 있지만 그 친구는 이미 책속의 공간에 빨려들어간 것만 같았다. 그만큼 책을 열심히 읽었던 친구다. 그 친구를 떠올리며 쉬는 시간 이야기를 나눴던 기억이 났다.

"지혜야, 너는 책을 종일 달고 산다. 공부를 그렇게 좀 해봐라."
"지영아, 나는 책이 정말 좋아. 책 읽고 있으면 근심걱정이 다 사라지는 것 같아."
"어떻게 책을 읽는다고 너의 근심걱정이 다 사라지냐?"
"아니야. 책을 읽다가 마음에 콕 박히는 문장이 꼭 있어. 그러면 그걸로 위안이 돼."

나는 다음날 점심도시락을 싸서 도서관에 갔다. 이번에는 기본서를 들고 가지 않았다. 나는 내 마음의 집을 견고한 집으로 만들기 전까지 공부를 하지 않기로 마음먹었다. 나는 도서관을 다니며 일주일을 넘게 마음의 힘을 키울 수 있는 자기계발서를 읽었다. 많은 책을 읽고 난 후, 혼공을 택한 내가 기특했다. 도서관 화장실 거울에 비친 내 모습을 보며 속대화를 했다. '지영아, 잘 선택했어. 네가 선택한 그 길 내가 항상 옆에서 지켜줄게.'

나는 책을 통해 마음의 집을 다시 견고하게 만들 수 있었다. 중간중간 어떤 시련이 닥쳐도 나는 잘 극복할 수 있었다. 당신도 혼자 공부를 두려워해서는 안 된다. 홀로 공부는 나를 크게 성장시켜준다. 비바람이 몰아쳐도 견뎌낼 수 있는 마음을 만들어준다. 내 마음의 집을 견고하게 만들 수 있는 방법을 터득하게 도와주는 것이다. 오늘도 혼공을 하고 있을 당신을 응원한다.

8

1년 동안 혼공 했더니 1등급이 됐다

뜨거운 열정보다 중요한 것은 지속적인 열정이다.
–마크 저커버그

1년의 혼공을 시작하다

아침 7시, 핸드폰 알람이 울린다. 나는 바로 핸드폰 알람을 끄고 이불을 정리한다. 컴퓨터를 켠다. 그리고 영어듣기 문제를 열 문제 푼다. 듣기 문제를 다 풀고 나면 나는 엄마가 차려준 아침밥을 먹는다. 아침밥을 먹고 나면 8시다. 점심 도시락을 챙기고 도서관에 갈 준비를 한다. 오늘도 역시 흰 티에 트레이닝 바지다. 도서관에 도착하면 8시 30분이 되고 그렇게 저녁 8시까지 혼공의 시간이 흘러간다. 저녁 8시 나는 짐을 챙겨 집으로 향한다. 집에 도착하면 30분 동안 훌라후프를 돌린다. 그리고 씻고 저녁밥을 먹는다. 그러면 시간은 어느새 10시를 향해 간다. 나는 컴퓨터를 켜고 2시간 동안 사탐 인터넷 강의를 듣는다. 자정이 되면 컴퓨터를 끄고 잠자리에 든다.

1년 동안 혼공했던 시절 나의 하루 일과는 똑같았다. 단순한 듯 보이지만 자세히 들여다보면 그 과정에서 참 많은 어려움과 시련이 있었다. 하지만 나는 매일 이겨내고 극복했다. 어제의 나와 오늘의 내가 달랐다. 내 마음의 집을 단단히 만드는 법을 알았고, 시련이 닥칠 때마다 책을 읽으며 극복했기 때문이다. 그래서 나는 마음의 집이 견고해질수록 혼자 공부하는 시간을 즐길 수 있었다.

1년의 혼공 시기에 나는 나의 힘으로 공부하는 방법과 공부하는 시간을 정해야 했다. 그래서 나는 나에게 인색해지기로 했다. 철저히 공부하는 시간을 지켰다. 그리고 고등학교 때 알게 된 공부법으로 혼공을 했다. 3월부터 7월까지 나는 기본 개념을 완전히 이해하고 내 것으로 만드는 데 전력을 다했다. 특히 수학의 기초를 제대로 쌓는 데 많은 시간을 들였다. 나는 초등학교 3~6학년 수학 문제집을 샀다. 초등학교 수학 내용을 완벽히 이해한 후 중학교 수학 문제집을 샀다. 그리고 완전히 내 것으로 만들 때까지 문제를 풀었다. 그만큼 수학 교과는 급하게 하려고 애쓰지 않았다. 수학은 기초를 잘 다져놓지 않으면 그다음 단계로 넘어가기가 무척 힘들다. 그래서 1년간의 수학 기초 다지기 공사는 나에게 수학 교과에 대한 자신감을 불러일으켰다.

국어 영역은 문제집을 매일 풀면서 감을 잃지 않으려고 노력했다. 여기서 말하는 감은 대충 찍는 감이 결코 아니다. 무엇이 정답이고 나머지는 왜 정답이 될 수 없는지에 대한 객관적인 증거를 찾는 감이다. 특히 국어 영역을 풀 때는 나의 주관적인 생각으로 정답을 추측하면 절대 안 된다. "세 살 버릇 여든까지 간다."고 국어 영역을 풀다가 시간이 부족하다는 게 느껴지면 습관적으로 자신이 풀던 방법대로 풀게 된다. 만일 그 방법이 대충 찍는 풀이였다면 나머지 문제를 대충 풀게 되는 것이다. 그러니 국어 영역은 처음 공부할 때부터 나의 머릿속을 하얀 도화지로 만들어야 한다.

글을 쓴 저자의 생각과 객관적인 근거를 하얀 도화지에 물들여야 한다. 외국어 영역 역시 마찬가지다. 문제를 해결하는 방법은 국어 영역과 같다. 다만 한글이 아닌 영어로 적힌 문제다. 그래서 영어 단어를 많이 알지 못하면 객관적인 근거를 찾기가 매우 힘들다. 무슨 내용의 글인지 어느 정도 파악할 수 있어야 근거를 쉽게 찾을 수 있기 때문이다. 나는 도서관을 갈 때, 화장실을 갈 때, 점심을 먹을 때, 도서관에서 집으로 향할 때 수첩에 적힌 영어 단어를 보며 외웠다. 이 단어 암기 방법은 1년의 혼공에 많은 도움이 됐다.

사탐을 공부할 때는 과목별로 기본서를 한 권씩만 샀다. 기본서를 살 때 나는 나만의 책 고르기 기준으로 철저히 분석하며 샀다. '누구누구의 책이 좋더라.'라는 말만 덜컥 믿고 책을 사면 절대 안 된다. 모두에게 훌륭한 기본서처럼 보여도 내가 선호하는 공부 방법과 다르다면 나에게는 결코 훌륭한 기본서가 될 수 없기 때문이다. 누군가는 간략하게 정리된 것을 좋아한다. 또 다른 누군가는 기본서가 두껍더라도 구체적으로 적혀 있는 것을 선호한다. 내 공부 성향은 구체적으로 적혀 있는 기본서를 선호했다. 구체적으로 적힌 기본서는 책을 읽을 때 이해하기 편하고 머릿속에 개념을 정리하는데 더 많은 도움이 되기 때문이다.

1년 동안 혼공하면서 성적을 올릴 수 있었던 비결은 멘토의 역할도 컸다. 고등학생 시절은 내 주변 친구들이 공부 멘토였다. 그래서 모르는 부분이 생기면 체크를 했다. 바로 물어볼 수 없는 상황이라면 어느 부분이 어떻게 이해가 안 되는지 구체적으로 적었다. 그랬던 내가 대학교 자퇴를 하고 혼공을 하니 멘토가 없다는 게 가장 힘들었다. 그래서 사탐은 인터넷 강의를 신청했다. 샘플 강의를 다 듣고 나와 잘 맞을 것 같다는 느낌이 드는 선생님의 강의를 신청했다.

탁월한 선택이었다. 나는 선생님의 Q&A 게시판을 적극 활용했다. 때로는 직접 그 선생님께 메일을 보내기도 했다. 모두 친절하게 내가 모르는 부분을 구체적으로 알려줬다. 수리 영역은 고1 과외 선생님이 나의 멘토였다. 열 번을 풀어도 이해가 안 되는 문제는 핸드폰으로 사진을 찍어 선생님 휴대폰으로 전송했다. 그러면 선생님은 풀이 과정을 나에게 알려주었다. 혼공을 할 때는 멘토가 정말 중요하다. 스스로 힘으로 해결이 안 되는 부분은 멘토의 도움으로 쉽게 해결할 수 있기 때문이다. 멘토에게 질문을 하기 전, 이미 그 부분을 스스로 해결하기 위해 많은 것을 생각했을 것이다. 막혔던 부분이 멘토를 통해 해결이 되면, 그 전에 스스로 고민한 만큼 멘토의 설명이 더 많은 이해가 된다. 결국 내 것으로 만들기가 훨씬 쉽다는 말이다.

수능 500점 만점에 470점을 맞다

수능시험을 준비하는 우리에게는 가장 중요한 두 번의 모의고사가 있다. 바로 교육과정평가원에서 주관한 6월 모의고사와 9월 모의고사이다. 고등학교 선생님들은 고3의 6월, 9월 모의고사 결과가 나의 수능점수와 유사할 것이라고 말한다. 하지만 그 말이 결코 정답은 아니다. 6월 모의고사를 보고 난 후 적어도 혼공할 수 있는 시간은 약 140일 정도가 된다. 9월 모의고사 역시 수능 보기 전까지 약 50일 정도의 시간이 남는다. 따라서 고등학교 3학년 모의고사 점수 결과에 일희일비할 필요가 없다.

나 역시 1년간 혼자 공부하면서 교육과정평가원에서 주관하는 9월 모의고사는 꼭 봐야겠다고 생각했다. 마침 집 근처 재수학원을 지나다가 외부생도 시험응시가 가능하다는 문구를 보게 되었다. 9월 모의고사 시험을 접수하고 그날이 다가왔다. 떨리는 마음으로 학원에 들어갔다. 재수생이 얼마나 많은지 마치 광주에 살고 있는 모든 재수생을 모아놓은 느낌이었다.

나는 9월 모의고사 전까지 제대로 된 모의고사를 본 적이 한 번도 없었다. 그만큼 기본 개념을 익히는 데 많은 시간을 할애했다. 오늘 보는 모의고사가 내게는 혼공 이후 첫 모의고사였다. 오랜만에 느끼는 시험장 분위기에 긴장을 했지만 다행히 주어진 시간 안에 문제를 풀 수 있었다. 시험을 다 치르고 모의고사 시험지를 들고 집으로 향했다. 나는 바로 컴퓨터를 켰다. 인터넷에 올라온 9월 모의고사 정답을 확인했다. 국어 영역부터 사탐 영역까지 채점을 했다. 사탐까지 채점을 하고 난 후, 내 눈에서 뜨거운 눈물이 흘러내렸다. '지영아, 잘했어. 지금처럼만 잘하면 돼. 정말 기특해.' 나는 이렇게 속대화를 하며 나를 따뜻하게 격려했다.

나는 그날 500점 만점에 460점을 맞았다. 고등학생 시절 단 한 번도 받지 못한 점수였다. 주체할 수 없는 눈물이 흘렀지만 내 마음을 다잡기 위해 노력했다. 말 그대로 모의고사였다. 언제 그랬냐는 듯 나는 다시 일상으로 돌아왔고, 그렇게 혼공을 이어갔다. 어느덧 시간은 흘러 추운 날씨가 다가왔다. 항상 수능 당일이 되면 날씨가 차갑다. 나는 따뜻한 목도리를 두르며 거울 속 내 모습을 바라봤다. '지영아, 드디어 결전의 날이야. 너는 잘 할 수 있어. 나는 너를 믿어.' 이렇게 외치고는 시험장으로 향했다.

나는 긴장되는 마음을 잘 다스리며 온 힘을 다해 시험을 봤다. 시험문제를 풀 때 마치 도서관에 앉아서 혼자 공부하는 느낌이 들었다. 예감이 좋았다. 결과는 500점 만점에 470점이었다. 고등학생 시절 '광주교대 오지영'을 썼던 내가 그 꿈을 이뤘다. 나는 장학금을 받고 당당히 광주교대에 합격했다. 시련은 우리에게 축복이다. 자퇴를 하고 혼공을 하며 내게 힘든 일도 참 많았다. 하지만 뚜렷한 목표가 있었기에 감당할 수 있었다. 그 결과 나에게 '광주교대 합격'이라는 큰 축복이 왔다. 지금 혼자 공부가 힘들다고 투덜거리지 마라. 힘든 시련만큼 당신에게는 큰 축복이 다가올 것이다.

핵심노트 ② 이것만은 꼭 기억하자!

우리는 왜 혼자 공부를 택해야 하는가?

1. 혼자 공부는 나를 알아가는 과정이다

나를 알아야 나의 공부 성향과 수준을 파악할 수 있다. 나를 잘 알 수 있는 방법은 간단하다. 바로 혼자 공부를 하는 것이다. 혼자 공부를 하면 현재 나의 수준을 파악할 수 있다. 현재 내 수준에 맞는 기본서, 문제집을 선택할 수 있는 것이다. 남에게 배워서는 절대 내 수준을 있는 그대로 파악할 수 없다. 그렇기 때문에 혼자 공부는 중요하다.

2. 혼자 공부는 견고한 마음의 집을 짓는 과정이다

혼자 공부는 견고한 마음의 집을 짓는 과정이다. 현재 내 마음이 갈대처럼 약하다면 앞으로 닥칠 시련을 극복할 수 없다. 시련을 극복하는 힘은 오직 마음에서 나오기 때문이다. 혼자 공부를 하면 나와 속대화를 많이 하게 되어 나라는 사람을 금방 파악할 수 있다. 나를 파악할수록 갈대처럼 약했던 마음이 조금씩 강해지고 시련을 어떻게 극복해야 하는지 스스로 깨우치고 터득할 수 있다. 혼자 공부는 내 마음의 집을 탄탄하게 만들어가는 과정이다. 오직 혼자 공부만이 내 마음을 탄탄하게 만들 수 있다.

3. 공부를 내 일상으로 만들기 위함이다

학창 시절, 우리의 과업은 첫째도 공부고 둘째도 공부다. 만일 혼자 공부하는 시간이 부족하면 그 과업을 매일 해내는 게 여간 힘들고 어려운 일이 아니다. 그래서 자꾸 인생이 시시해보이거나 재미없어 보인다. 공부를 일상으로 만들기 위해서는 혼자 공부를 하는 시간이 많아야 한다. 혼자 공부하는 시간이 많으면 공부가 조금씩 습관이 된다. 습관이 되다 보면 어느새 나의 일상이 되는 것이다. 공부가 일상이 되는 순간 무의식적으로 공부하고 있는 자신의 모습을 발견하게 된다.

4. 꿈을 좇는 공부를 할 수 있다

공부로만 이룰 수 있는 간절한 꿈을 가져야 한다. 그리고 그 간절한 꿈을 자꾸 시각화해야한다. 프린트를 해서 눈에 보이는 모든 곳에 붙여두는 것도 좋다. 또한 꿈을 적은 수첩을 들고 다니며 수시로 보는 것도 도움이 된다. 이렇게 내 꿈을 자꾸 들여다보면 내 안에 간절한 마음이 생긴다. 그 간절함이란 그 꿈을 꼭 이루고자 하는 마음이다. 혼자 공부를 하게 되면 내가 이루고자 하는 꿈을 더욱 구체화시킬 수 있다. 그리고 그 꿈을 꼭 이루고자 하는 믿음이 생긴다. 그 믿음은 오직 혼자 공부를 통해서만 커진다. 그렇기 때문에 꿈을 좇는 공부를 하고 싶다면 반드시 혼자 공부를 해야 한다.

“

오답 노트 정리와 밑줄긋기가
시시해 보여도 제대로 모이지 않으면
더 넓은 강과 바다를 이루지 못한다.
‘성적 향상’이라는 강과 바다는
쉽게 얻기 힘들다는 것을 명심하고
또 명심해야 한다.

”

열심히 공부해도 성적이 오르지 않는 이유

Chapter 2

1

왜 내 성적만 제자리걸음일까?

10분 뒤와 10년 뒤를 동시에 생각하라.
–피터 드러커

제자리걸음인 성적, 공부법을 점검하자

열심히 공부한다고 생각하지만, 막상 시험 결과가 나오면 똑같다. 분명 더 열심히 했다고 생각했지만 내게 돌아온 성적표 점수는 여전히 제자리걸음이다. 이런 날은 울적해서 책을 들여다보고 싶지 않다. 나만의 동굴에 빠져든다. 혹시 당신의 이야기가 아닌가? 만일 성적이 제자리걸음이어서 고민하고 있다면 나의 공부법을 반드시 점검해야 한다. 누구에게나 설명할 수 있을 정도로 공부를 했는지 확인해야 한다.

만일 머뭇거리거나 제대로 설명을 하지 못하면 당신은 지금까지 헛공부한 것이다. 당신의 책상 위에 책이 있던 것뿐이고 의자에 내 몸만 걸터 않았을 뿐이다. 효과적인 공부법으로 공부를 하지 않았으니 제대로 된 공부가 될 리 없다. 이런 헛공부는 성적이 제자리걸음인 것만 해도 감사하게 생각해야 한다. '저번보다 점수가 떨어지지 않았구나. 정말 다행이야.' 하며 내 마음을 쓸어내려야 한다.

고등학교 1학년 여름 방학 이후 나는 공부 열정이 샘솟았다. 공부해야 하는 분명한 목표가 생긴 것이다. 반드시 성적을 올리리라 다짐했다. 하지만 제대로 된 공부를 해본 적 없는 내겐 공부를 시작하는 게 여간 힘든 일이 아니었다. 교과서를 봤다가 참고서를 꺼냈다가 다시 문제집을 풀었다가 내가 봐도 정신이 하나도 없었다. 그래도 나는 이 공부법이 옳다고 자만하며 열심히 공부했다. 하지만 문제집을 풀었다 하면 비가 내렸다. 죄다 틀렸다. 답답했다. 이대로는 안 되겠다 싶어 책을 덮고 공부를 잘하는 친구에게 다가가 물었다.

"지혜야, 너는 어떻게 공부해?"

"나? 나는 교과서 먼저 보지. 교과서 먼저 다 읽고 난 다음에 참고서를 봐. 같은 내용이지만 문장이 다르니까 읽다 보면 유독 어렵게 느껴지는 부분이 있어. 그럼 그 부분을 내가 제대로 공부 안 한 거니까 다시 교과서 꺼내서 참고서랑 같이 읽는 거야. 이렇게 개념 다 익히고 나면 나는 일부러 다른 교과 공부를 해."

"다른 교과도 이렇게 공부해?"

"응, 다른 교과도 마찬가지야. 교과서를 먼저 읽고 그다음에 참고서 보는 거지. 그리고 일주일 정도 지난 다음에 맨 처음에 공부했던 교과 문제집을 풀어."

"왜 너는 일주일이나 지나고 나서 문제집을 풀어?"

"내가 제대로 외웠는지 확인하려고. 나는 일주일 지나고 나서 문제를 푸는 게 맞는 거 같아. 바로 문제집 풀면 소용없어. 맞았다고 해도 제대로 외워서 맞은 건지 확인하기가 힘들어."

지금 생각해보면 고등학생인 지혜는 이미 뇌의 단기기억과 장기기억에 대해 잘 알고 있었던 것 같다. 지혜의 말처럼 공부한 내용과 관련된 문제를 바로 풀면 그 문제가 쉽게 느껴진다. 바로 공부한 내용이니 머릿속에서 쉽게 떠올릴 수 있기 때문이다. 그래서 정답이 몇 번인지 금방 파악하기가 쉽다. 하지만 내가 공부를 완벽히 했기 때문에 맞힌 거라는 착각은 버려야 한다. 잠시 단기기억에 머물고 있던 정보가 흘러나온 것이기 때문이다. 제대로 익히고 배웠는지 확인하려면 최소 3~4일은 지난 후 문제집을 풀어야 한다.

지혜처럼 완벽한 공부법으로 공부하고 있지만, 여전히 성적이 제자리걸음이어서 고민하고 있는가? 그럼 혼자서 공부하는 시간의 양을 확인해야 한다. 철저히 혼자서 공부하는 시간만 계산해야 한다. 선생님의 수업, 혼자 듣고 있는 인터넷 강의 시간을 포함해서는 안 된다. 말 그대로 책상 위의 책과 의자에 앉아 있는 내 몸, 그리고 펜이라는 3박자가 조화를 이루고 있는 그 시간만 계산해야 한다.

혼자서 공부하는 시간은 매우 중요하다. 효과적인 공부법일지라도 한 시간만 공부하는 사람보다는 두 시간 공부한 사람의 성적이 오를 것이다. 당연히 두 시간 공부하는 사람보다는 세 시간 이상 공부한 사람의 성적이 오를 것이다. 당신이 지혜가 알려준 공부법대로 공부하고 있지만, 성적이 제자리걸음이라면 반드시 혼자서 공부하는 시간의 양을 늘려야 한다.

오답 정리는 세세히! 개념은 완벽하게!

성적이 제자리걸음이라면 내가 오답 정리를 제대로 하고 있는지 파악하는 것도 중요하다. 나는 고등학생 시절 모의고사를 보고 나면 틀린 문제를 잘라서 오답 노트에 붙였다. 내 오답 노트는 '국어, 수리, 외국어, 사탐' 이렇게 4권이었다. 내 오답 노트 활용법은 과목별로 틀린 문제를 공책에 붙인 후 밑에 풀이법을 적었다. 그리고 과목별로 몇 문제를 틀렸는지 확인하는 정도에 그쳤다.

어느 날, 나는 야간 자율 학습 시간에 내 짝꿍 지혜의 오답 노트를 보게 됐다. 지혜의 국어 영역(당시 언어영역) 오답 노트는 4권이나 됐다. 자세히 살펴보니 '문학, 비문학, 듣기, 쓰기' 이렇게 해서 국어 영역만 해도 벌써 4권이나 됐다. 지혜의 오답 노트 정리법은 성적이 제자리걸음인 당신에게 도움을 줄 것이다. 지혜의 오답 노트 활용법은 이렇다.

만일 국어 영역에서 열 문제를 틀렸다면 부분(당시 언어 영역 부분-문학, 비문학, 듣기, 쓰기)마다 몇 개씩 틀렸는지 점검한다. 열 문제를 틀렸다고 가정해보자. 틀린 열 문제가 비문학 5문제, 문학 3문제, 쓰기 2문제 이렇게 해서 총 열 문제를 틀렸다면 당신은 어느 부분을 더 열심히 공부해야겠다고 생각하는가? 당연히 비문학에 중점을 두어 공부해야 한다. 실제로 국어 영역을 각 부분으로 나눠서 오답 정리를 하면 유독 틀린 문제로 금방 채워지는 공책이 있다. 그게 바로 내가 가장 중점을 두고 공부해야 할 부분이다. 이 부분에 중점을 두고 많은 시간을 쏟는다면 제자리걸음이었던 성적이 학년이 올라갈수록 향상될 것이다.

성적이 제자리걸음이라면 마지막으로 한 가지 더 짚고 넘어갈 것이 있다. 내가 공부를 할 때 교과서나 참고서의 사소한 부분까지도 제대로 살펴보고 있는지 확인해야 한다. 내가 보고 있는 책 속에 담긴 모든 내용이 전부 다 중요하다는 마음가짐으로 봐야 한다. 수능 만점자들의 책을 본 적이 있는가? 형형색색 다양한 색깔의 펜으로 물들어 있다. 책 안에 무슨 내용이 적혀 있는지 모를 정도로 밑줄이 그어져 있다. 수능 만점자들은 왜 모든 책에 이렇게 밑줄을 많이 그었을까? 그리고 빨, 주, 노, 초,

파, 남, 보 형형색색의 색깔은 무엇을 의미할까? 수능 만점자의 인터뷰를 보면 사소한 부분 하나라도 놓치기 싫어서 책을 읽을 때마다 밑줄을 그으면서 읽었다고 한다. 처음에는 제일 연한 색인 샤프로 밑줄을 긋는다. 두 번째로 반복해서 읽을 때마다 다른 색의 펜을 사용해서 밑줄을 그으며 읽은 것이다.

만점자는 이런 식으로 밑줄을 그으며 열 번 이상을 본다고 한다. 밑줄을 긋지 않고 눈으로만 책을 읽다 보면 사소한 내용을 놓치기가 쉽다. 그 사소한 부분이 자꾸 차곡차곡 쌓이니 성적이 올라가기는커녕 늘 제자리걸음인 것이다. 교과서나 참고서를 볼 때는 작은 글씨 하나하나 놓치지 않게 밑줄을 그으며 읽는 훈련을 해야 한다. 내가 형형색색 다양한 색으로 물들이는 만큼 제자리걸음이었던 성적이 꾸준히 오를 것이다.

순자는 이렇게 말씀하셨다. "반걸음도 꾸준히 내딛지 않으면 천 리를 갈 수 없고, 적은 물도 모이지 않으면 강과 바다를 이룰 수 없다." 성적이 제자리걸음이라면 효과적인 공부법과 함께 혼자서 공부하는 시간을 늘려야 한다. 이 두 가지를 꾸준히 지속하지 못하면 천 리를 갈 수 없다. 즉 내가 원하는 만큼의 성적을 올릴 수 없는 것이다. 오답 노트 정리와 밑줄 긋기가 시시해 보여도 제대로 모이지 않으면 더 넓은 강과 바다를 이루지 못한다. '성적 향상'이라는 강과 바다는 쉽게 얻기 힘들다는 것을 명심하고 또 명심해야 한다.

2

학원은 다니는데 왜 성적이 안 오를까?

품질이란 우연히 만들어지는 것이 아니라,
언제나 지적 노력의 결과이다.
– 존 러스킨

나는 지금 어떤 목적으로 학원에 다니고 있는가?

"진주야, 오늘은 떡볶이 몇 개 먹을까? 만두도 사 먹을까?"

"그래, 오늘은 만두도 사 먹자. 튀긴 문어발도 빨리 먹고 싶다."

"나도, 그건 학원 끝나고 학원 버스 타기 직전에 사자."

"응, 알았어. 이따 학원에서 봐."

나의 중학생 시절 월, 수, 금은 행복했다. 세상에서 제일 친한 친구인 진주와 통화를 하고 같은 영어 학원을 다녔기 때문이다. 우리는 서로 다니고 있는 중학교가 달랐다. 그래서 학원 가는 날에만 만날 수 있었다.

나는 목이 빠지게 학원 가는 날을 기다렸다. 공책 한 권에 빼곡히 편지를 적어서 줄 정도로 우리의 우정은 남달랐기 때문이다. 학원 앞에는 분식 포장마차가 있었다. 나는 지금도 그 포장마차의 떡볶이 맛을 잊지 못한다. 튀긴 문어발 맛 또한 예술이었다.

저녁 7시 학원 수업이 시작하기 전, 진주와 나는 참새가 방앗간을 그냥 못 지나가듯 그렇게 포장마차를 갔다. 워낙 단골이라서 아주머니는 우리를 잘 챙겨줬다. 오죽하면 아주머니는 우리가 학원 끝나는 시간에 맞춰 문어발을 튀겨줬다. 이미 아주머니도 우리가 문어발을 사고 바로 학원 버스를 탄다는 걸 알고 있었기 때문이다.

학원 수업은 뒷전이었다. 분식을 배불리 먹고 온 후, 우리는 학원 문제집을 이용해 대화를 나눴다. 거의 깜지 수준의 대화였다. 학원 선생님께 몇 번이나 혼나고 매를 맞기도 했다. 하지만 우리는 포기하지 않았다. 보란 듯이 문제집을 이용해 더 많은 깜지 대화를 나눴다. 결국, 학원 선생님은 두 손 두 발 다 들었다. 그 후로, 선생님은 우리가 수업을 듣지 않아도 더는 관여하지 않았다.

우리는 하나의 목적이 생기면 그 목적을 달성하기 위해 행동한다. '밥을 먹어야겠다.'라는 목적이 생기면 우리는 밥솥에 있는 밥을 꺼내 먹는다. 'TV를 봐야겠다.'라는 목적이 생기면 자연스럽게 TV 리모컨으로 내 손이 뻗어나간다. 철없던 중학생 시절 내가 학원에 간 목적은 '진주'라는 친구를 만나기 위해서였다. 나의 목적은 친구 만나기였고 그 수단이 학원이었을 뿐이다. 그 결과, 학원을 빼먹지 않고 나가는데도 나의 성적은 오르지 않았던 것이다.

학원은 우리 집에서 도보로 불과 5분 거리였다. 진주네 집은 학원과 멀었기 때문에 수업이 끝나면 학원 버스를 타고 집에 가야 했다. 나는 그 시간도 친구와 이야기하고 싶어 학원 버스를 타고 집에 갔다. 버스를 타면 우리 집 근처에 올 때까지 30분 정도 걸렸다. 그마저도 집 앞에서 내린 게 아니었다. 버스에서 내리고 난 후 다시 또 2분 정도의 거리를 걸어서 가야 했다. 지금 생각하면 참 한심하다. 차라리 주말에 따로 시간을 내서 친구를 만났어도 됐다. 나는 귀중한 시간과 부모님께서 피땀 흘려 번 돈을 '친구 만나기'라는 목적으로 허무하게 써버렸다.

학원에 다니고 있지만, 성적이 오르지 않는다면 내가 학원을 가는 목적을 생각해볼 필요가 있다. 만일 예전의 나와 같은 목적으로 학원에 다니는 거라면 당장 학원을 관둬야 하는 이유이다. 친구와의 만남이 목적인 학원 다니기는 학원을 관둬야 성적이 올라갈 것이다. 만일 부모님께서 다니라고 했기 때문에 다니고 있다면 이것 또한 학원을 관둬야 한다. 이런 경우는 '내 자식 학원에 보내기'라는 부모님의 목적만 있을 뿐이다. 학원도 공부의 연장선이다. 따라서 학원에 다니는 목적은 항상 '공부'와 관련되어야 한다. 그 외의 목적이 주가 된다면 학원에 다닐 필요가 없다.

하지만 분명 '공부'라는 목적을 달성하기 위해 학원에 다니고 있는데 성적이 오르지 않는 경우가 있다.

이런 경우는 학원과 관련된 방해 요소를 생각해야 한다. 예를 들어 A라는 친구와 B라는 친구가 있다. A는 공부하기 위해 학원에 가는데 C 친구와 항상 함께 간다. 서로 학원 수업 시간에 이야기하지 않아도 학원을 오가는 길에 대화를 나누며 간다. 반대로 학원에 갈 때 혼자 가는 B 친구가 있다. B는 학원을 오가는 길에 영어 단어가 적힌 수첩을 꺼내서 본다. 혹은 학원에서 배울 내용을 미리 예습하고 머릿속으로 정리를 하며 학원을 향한다. 같은 학원에 다니는 A 친구와 B 친구 둘 중 누가 성적이 오를까?

분명 A 친구와 B 친구는 공부를 목적으로 학원에 다닌다. 하지만 학원은 단순히 학원 선생님의 수업을 받기 위해 가는 것이 아니다. 학원을 향해가는 길을 포함한 모든 시간이 다 학원에 포함된 시간이다. 학원 가는 길, 수업 받는 시간, 다시 집으로 돌아오는 시간이 모두 학원에 있는 시간이 되는 것이다. 즉 학원에 가는 데 걸린 시간이 10분, 수업 시간이 2시간, 수업 끝나고 집에 돌아가는 시간이 10분이라면 나는 140분이라는 시간을 학원에 투자한 셈이다. A 친구는 140분 중 20분을 친구와의 대화로 써버렸다. 하지만 B 친구는 140분을 알차게 활용했다. 내가 학원에 가서 수업을 열심히 듣지만 내 성적이 오르지 않는다면 내 모습이 A 친구의 모습과 비슷한지 생각해봐야 한다.

내 공부 성향, 나의 수준에 맞는 학원 선택이 중요하다

학원은 다니는 데 성적이 오르지 않는다면 학원 선생님의 설명과 나의 공부 성향이 잘 맞는지 확인하는 것이 중요하다. 똑같은 장면을 봐도 모든 사람이 그 장면을 똑같게 설명하지 않는다. 인간은 모두 생각하는 동물이다. 그래서 무엇인가를 보고 누군가에게 설명할 때 나의 '관점'이 들어간다. 사람마다 자신이 중요하게 생각하는 부분을 더 강조하면서 설명하는 것이다. 그 설명 방법이 나와 맞는다면 다행이다. 하지만 나와 맞지 않으면 이것 또한 학원은 다니는 데도 성적이 오르지 않는 이유가 될 수 있다. 나와 맞지 않는다고 느껴진다면 나의 공부 성향과 맞는 선생님을 찾아서 학원 수업을 들어야 한다. 선생님 설명이 10개라면 10개 모두 이해를 해야 나와 잘 맞는 것이다. 만일 이해가 안 된다면 '공부를 하기 위한 수단'으로서의 학원 역할이 제대로 해내지 못하는 것이다.

또한, 내가 지금 다니고 있는 학원이 내 수준에 맞는지 확인해야 한다. 내 수학 실력은 초등학교 3학년 수준이라고 가정하자. 지금 내가 고등학교 1학년이라면 당신은 고등학교 1학년 과정의 수학 학원에 다닐 것인가? 그렇다면 정말 미련한 짓이다. 학원 수업을 듣는 첫날, 수업을 제대로 이해하지 못하고 속앓이를 할 것이다. 뱁새가 황새 따라가다 가랑이

찢어지는 경우다. 이때는 학원 수강료를 초등학교 3학년 문제집을 사는 데 투자해야 한다.

고등학교 시절은 혼자 공부할 수 있는 시간이 턱없이 부족하다. 그러니 이 책을 읽고 내 수준에 맞지 않는 학원에 다니는 게 느껴지면 당장 학원을 관둬야 한다. 학원을 관두고 그 시간에 내 수준에 맞는 참고서를 읽고 문제집을 풀어야 성적이 오른다. 돌이켜보면 나 역시 처음부터 친구를 만나기 위한 목적으로 학원을 등록한 것이 아니었다. 내 수준에 맞지 않는 수업을 듣고 있으니 선생님께서 설명하실 때 주로 멍하게 앉아 있거나 딴생각을 자주 했다. 그러다 친한 친구인 진주와 같이 학원에 다니게 됐고, 그날을 계기로 나의 학원 가는 목적이 '친구 만나기'로 변한 것이다.

지금 학원은 다니는데 성적이 오르지 않아서 고민이라면 이 세 가지를 꼭 기억하자. 첫째, 나는 공부가 목적이어서 학원에 다니는 것인지 진지하게 생각해야 한다. 학원은 처음부터 끝까지 공부가 목적이 되어야 한다. 둘째, 학원과 관련된 시간 모두를 '공부' 목적을 위해 알차게 쓰고 있는지도 파악해야 한다. 시간은 금이다. 아까운 시간을 함부로 보내서는 안 된다. 마지막으로 지금 내가 다니고 있는 학원이 나의 공부 수준과 맞는지 꼭 점검해야 한다. 학원 수업 내용이 어렵다면 내 공부 수준에 맞는 공부를 해야 한다. 세 가지와 함께 혼자 공부하는 시간도 늘리는 게 좋다. 이 모두를 다 잘 지키고 있다면 조바심을 갖지 말고 느긋하게 기다리면 된다. 그러면 당신의 성적은 학년이 올라갈수록 오를 것이다.

3

왜 의자에 앉으면 1시간을 못 버틸까?

신은 우리가 성공할 것을 요구하지 않는다.
우리가 노력할 것을 요구할 뿐이다.
–마더 테레사

지금 내 머릿속은 무슨 생각으로 가득 찼는가?

세종대왕의 어렸을 적 이야기를 당신은 잘 알고 있는가? 이도(세종대왕)는 어렸을 적 지독한 책벌레였다. 누군가가 책을 읽으라고 강요해서 책을 읽지 않았다. 이도 스스로 원했기 때문에 책을 가까이했다. 이도는 밖에 나오지 않고 종일 방 안에서 책만 들여다봤다. 결국, 심한 병을 앓게 되었다. 이 사실을 알게 된 태종은 신하들을 시켜 이도 방에 있는 모든 책을 압수했다. 책을 읽지 못한 이도는 울적했다. 방 안을 살펴보다 이도는 우연히 병풍석 뒤에 있던 '구소서간'을 발견했다. '구소서간'은 당시 재미없기로 소문난 책으로 모두가 읽기 꺼려했던 책이라고 한다. 병상에

드러누운 이도는 그 책을 시간 가는 줄 모르고 종일 읽었다. 천 번을 넘게 반복해서 읽었다고 한다.

만일 당신이 의자에 오래 앉아 있지 못해 고민이라면 세종대왕의 어렸을 적 모습을 본받아야 한다. 이도는 모두가 읽기 꺼려했던 '구소서간'도 방 안에 틀어박혀 천 번을 넘게 읽었기 때문이다. 세종대왕의 머릿속에는 항상 책이 중심이었다. 그 외의 것은 생각하지 않았다. 그래서 하루 일과가 전부 '책 읽기'를 중심으로 돌아갔던 것이다. 의자에 1시간을 못 버티는 당신의 현재 머릿속은 '공부'가 중심이 아닌 상태다. 공부 이외의 많은 것들이 머릿속을 차지하고 있고, 그것들이 당신을 끈기 있게 의자에 앉아 있지 못하게 만들고 있다.

나 역시 중학생 시절, 의자에 1시간을 앉아 있기가 무척 힘들었다. 벼락치기를 하기 일쑤였고, 공부한다고 해도 자꾸 시계만 쳐다봤다. 그마저도 1시간을 채우지 못하고 자리를 박차고 일어났다. 그리고는 친구들과 대화를 하며 놀거나 집에 있는 TV를 켜서 오락 프로를 찾아보곤 했다. 내가 의자에 오래 앉아 있지 못한 이유는 공부에 흥미가 없었기 때문이다. 공부에 흥미를 느끼려면 지금 이 순간, 내가 왜 공부를 해야 하는지 알아야 한다. 공부해야 하는 이유를 제대로 찾지 못하면 결코 의자에 오랜 시간 앉아서 공부할 수 없다. 의자에 오래 앉아 있지 못하면 학년이 올라갈수록 내 성적은 자꾸만 떨어질 것이다.

친한 친구들과 도서관을 다니거나 독서실을 다니는 것도 의자에 오래 앉아 있지 못하게 만드는 방해 요소가 된다. 나는 중학생 시절 중간고사, 기말고사가 다가오면 항상 친한 친구 넷과 함께 도서관을 갔다. 도서관에 도착하면 넷이서 나란히 한 책상을 썼다. 각자 들고 온 교과서와 펜을 꺼내고 공부를 시작했다. 주변 친구들과 가깝게 앉아 있기 때문에 친구들의 모습이 내 눈에 쉽게 들어왔다.

하품하는 친구도 있고, 유독 기분이 안 좋아 보이는 친구의 모습도 보였다. 교과서를 살펴보려던 마음이 어느새 친구들을 향한다. '유리는 오늘 기분이 안 좋은가?, 진주는 계속 하품만 하네. 오늘 피곤한가?' 하며 친구들 생각만 하게 된다. 결국 들고 온 교과서 한쪽에 '유리야, 오늘 기분이 안 좋아?'라는 쪽지를 건네게 된다.

이다음부터는 굳이 말 안 해도 다들 알 것이다. 쪽지를 계속 주고받다가 '우리 나가서 이야기하자.'라는 메시지와 함께 넷은 도서관 휴게실로 향한다. 넷은 휴게실에 가서 시간 가는 줄 모르고 이야기꽃을 피운다. 책상 위에 놓인 교과서 4권만 각자의 주인을 애타게 기다리고 있을 뿐이다.

우리 모두 감정이 있다. 각자의 감정은 그날 기분 상태에 따라 다르다. 모두 다 같은 감정을 품고 있지 않다. 그래서 오늘 내 기분이 좋아도 나의 친한 친구 기분은 울적할 수 있다. 오늘 나는 공부가 잘될 것 같은 예감이 드는데 친구는 오늘 집중력이 떨어질 수 있다. 감정은 주변 사람들에게 금방 옮는다. 그래서 마음을 다잡고 공부하려고 했지만, 함께 공부하는 친구의 감정이 좋지 않다면? 화이팅 넘쳤던 내 마음이 친구 마음으로부터 전염돼 울적해지거나 공부하기 싫어진다. 자꾸 친구의 눈치를 살피게 된다. 결국, 한 시간을 채우지 못한 채 내 친구의 마음을 달래주려고 애쓴다. 아까운 시간이 그렇게 또 허무하게 흘러버린다.

마음의 집을 탄탄하게 만들어라

힘든 일이 닥쳤을 때 스스로 해내는 마음의 집이 약하다면 이것 또한 당신을 의자에 오래 앉아 있지 못하게 만드는 원인이 된다. 감정 소모가 유독 많은 날은 공부에 집중할 수 없다. 공부하려고 해도 속이 시끄러워서 집중할 수 없기 때문이다. 이런 날을 이기지 못하는 사람은 의자에 1시간을 앉아 있지 못한다. 자리를 박차고 일어나서 공부하는 것을 포기해버린다. 이런 유형의 사람들은 다른 사람을 통해 시련을 극복하려고 애쓴다. 힘든 마음을 친구를 통해 해결하려고 한다.

처음에 10분 동안 친구에게 하소연해서 시련을 잘 극복했다면 이다음 닥칠 시련도 10분으로 가능할까? 이제는 더 많은 시간이 필요할 것이다. 내 마음에 10분 내성이 생겨 다음 시련은 최소 15분은 투자해야 극복할 수 있게 되는 것이다. 이렇게 20분, 30분, 1시간씩 늘어나는 만큼 내가 의자에 앉아서 공부해야겠다는 열정이 약해진다.

스스로 해결하는 마음이 강한 친구는 힘든 날이 닥쳐도 잘 이겨내고 의자에 오랫동안 앉아 있을 수 있다. 그 친구는 스스로 잘 이겨내는 마음의 집이 강해서 혼자서도 감당할 수 있기 때문이다. 그러니 마음이 힘들고 잡생각이 나도 의자에 오래 앉아 있으려면 지친 마음을 스스로 해결하게끔 해야 한다. 나 역시 시련이 닥칠 때면 마음을 치유하는 내용의 책을 빌렸다. 그 책을 반복해서 읽으며 내 마음을 위로하고 달랬다. 그렇게 나는 의자에 앉아서 공부하는 시간을 늘렸다.

당신이 정말로 성적을 올리고 싶다는 간절함이 있다면 독한 마음으로 오랜 시간 의자에 앉아 있을 수 있어야 한다. 공부의 기본은 의자에 앉아 있는 내 몸과 책상에 놓여 있는 책이다. 내가 자꾸 그 자리를 벗어나면 책상 위에 놓인 책은 하염없이 나를 기다리고 있다. 내가 가장 좋아하고 아끼는 사람을 대하는 것처럼 책을 사랑해야 한다. 의자에 바른 자세로 앉아서 책을 사랑스러운 눈빛으로 쳐다봐야 한다. 이렇게 해야 공부에 흥미를 느낄 수 있다. 공부에 흥미가 생기면 자꾸만 책을 들여다보고 싶어지고, 시간 가는 줄 모르고 책의 내용에 빠져들게 된다.

집중의 힘을 기르자

성적 향상이라는 강한 열망이 불타오르지만, 생각만큼 의자에 오래 앉아 있지 못하는 때도 있다. 유독 집중하는 시간이 부족해서 그럴 수 있다. 이런 경우는 집중하는 시간을 늘리는 훈련을 하는 게 좋다. '파블로프의 개'라는 유명한 실험을 들어본 적이 있는가? 파블로프는 개에게 먹이를 주기 전, 개에게 항상 종소리를 들려줬다. 그리고 이 과정을 계속 반복했다. 그 결과 개는 종소리만 들려줘도 침을 흘렸다. 개는 종소리가 나면 먹이를 먹는다는 생각이 들었기 때문이다.

임마누엘 칸트는 "인간은 학습의 동물이다."라고 정의했다. 이 말은 우리의 경험을 통해 얻어지는 행동은 비교적 오랜 시간 동안 유지된다는 말로 해석할 수 있다. 이 실험을 1시간도 의자에 앉아 있지 못하는 나에게 적용했다. 실제로 나는 많은 도움을 받았다. 나는 '종소리'를 내가 가장 좋아하는 책으로 활용했다. 그리고 먹이는 '의자에 1시간 동안 앉아서 책 보기'였다. 만화책도 괜찮다. 나도 처음에는 만화책으로 시작했기 때문이다. 일주일 넘게 의자에 1시간씩 앉아서 만화책을 읽었다. 미리 알람을 1시간으로 맞추고 알람이 울리기 전까지 시계를 들여다보지 않았다. 이 훈련을 꾸준히 했더니 많은 도움이 됐다.

나는 시험 기간이 다가올 때 일부러 만화책을 책상 위에 올려놨다. 그 책을 보면 파블로프의 개처럼 나도 모르게 의자에 앉게 됐다. 그래서 자연스럽게 의자에 앉는 데 성공하고 책상 위에 놓인 교과서를 1시간 동안 볼 수 있었다. 공부하고 싶지만, 집중력이 약해서 의자에 오래 앉아 있지 못하는 경우가 있다. 그렇다면 꼭 이 훈련을 해보는 게 좋을 것이다.

"하루 공부하지 않으면 그것을 되찾기 위해 이틀이 걸리고, 이틀 공부하지 않으면 그것을 되찾기 위해 나흘이 걸린다. 1년 공부하지 않으면 그것을 되찾기 위해 2년이 걸린다." 『탈무드』의 지혜다. 지금 의자에 1시간 앉아 있지 못하면 부족한 공부를 만회하기 위해 나중에는 2시간을 의자에 앉아 있어야 할 것이다. 공부에 흥미를 느끼고 내면의 힘으로 시련을 이겨낼 나만의 방법을 찾아보자. 어느새 1시간 이상 의자에 앉아 있는 자신의 모습을 발견할 것이다.

4

왜 유독 나에게는 혼자 공부가 어려울까?

자신의 능력을 믿어야 한다. 그리고 끝까지 굳세게 믿고 나가라.
-오잘린 카터

당신의 마음에는 공부 간절함이 있는가?

전쟁터에서 딸을 하늘나라로 먼저 보내야 했던 할아버지와 그런 엄마를 잃은 어린 소년이 함께 살고 있었다. 그 어린 소년의 꿈은 '화가'였다. 소년의 이름은 '넬로'다. 어느 날 길에서 버려진 강아지 파트라슈를 데려오고 둘은 둘도 없는 친구 사이가 됐다. 어려운 형편 속에서도 '화가'를 향한 넬로의 마음은 변함없었다. 시간이 갈수록 '화가'의 꿈을 이루고 싶은 강한 욕망이 생겼다. 어느 날 넬로에게 큰 시련이 닥쳤다. 유일한 피붙이인 할아버지께서 어느 추운 겨울, 하늘나라로 먼저 떠난 것이다.

유일한 생계 수단이었던 우유 배달을 하지 못하게 되자 넬로는 파트라슈와 함께 정처 없이 떠돌게 된다. 시리게도 추운 날씨를 무릅쓰고 넬로와 파트라슈가 찾아간 곳은 대성당이었다. 넬로는 대성당의 그림을 하염없이 바라보며 마치 화가가 된 듯한 상상을 한다. 마치 화가의 꿈이 이루어진 것처럼 넬로는 파트라슈와 함께 그곳에 그렇게 영원히 잠들었다. 동화 '플란다스의 개' 줄거리다.

지금 이 줄거리를 잠시 눈을 감고 상상해보라. 끝까지 화가의 꿈을 저버리지 못한 넬로의 표정은 어땠을까? 짐작이 가는가? 넬로의 얼굴에는 '간절함'이 묻어났을 것이다. 화가의 꿈을 꼭 이루고자 하는 간절함 말이다. 그 간절함이 넬로를 추운 날씨를 이겨내고 대성당으로 향하게 이끌었다. 넬로는 대성당의 그림을 보며 꿈을 이뤘다. 그리고 행복한 마음으로 영원히 잠들었을 것이다.

당신이 혼자 공부를 어렵다고 느끼는 가장 큰 이유는 '간절함'이다. 간절함이 없기 때문이다. 넬로와 같은 간절함을 당신은 갖고 있지 않다. 그래서 혼자 공부가 어렵다고 느껴지고 혼자 공부하는 시간을 확보하려고 하지 않는다. 나 역시 간절함이 없던 학창 시절에는 혼자 공부를 어렵게 생각했다. 혼자서 공부하는 시간이 턱없이 부족했다.

하지만 '광주교육대학교에 들어가야 한다.'라는 간절한 목표가 생기자 나에게는 혼자 공부가 더는 어렵게 느껴지지 않았다. 오히려 혼자 공부를 하는 게 당연하게 여겨졌다. 중간에 어떤 시련이 닥쳐도 나는 혼자 공부를 포기하지 않았다. 그 시련을 이겨내면서 동시에 혼자 공부를 지속시킬 방안을 모색했다. 간절한 목표가 생기니 그렇게 나 자신이 변한 것이다.

혼자 공부가 어렵게 느껴진다면 가장 간절하게 이루고 싶은 것을 생각해야 한다. 그리고 그것을 오직 공부를 통해서만 얻을 수 있다고 믿어야 한다. 그 믿음은 무척 중요하다. 간절한 소망과 믿음이 만나면 혼자 공부가 어렵게 느껴지지 않기 때문이다. 간절함이 클수록 그 간절한 소망을 이루기 위해 혼자 공부하고 있는 나 자신을 발견할 것이다.

혼자 공부가 어렵게 느껴지는 또 다른 이유는 현재 나의 교과 수준을 제대로 파악하지 못했기 때문이다. 나는 고등학교 1학년 여름 방학을 시점으로 제대로 공부를 해야겠다고 생각했다. 그래서 혼자서 공부하는 시간을 늘렸다. 그런데 막상 혼자 공부하려 하니 어떻게 공부를 하는 건지 도통 감이 잡히지 않았다. 특히 수학 포기자였던 나는 혼자서 수학 문제를 해결하는 것이 무척 힘들었다. 마침 수학 과외를 받고 있을 때라 과외 선생님께 내 고민을 털어놓았다.

"선생님, 저도 혼자서 공부를 하려고 하는데 생각만큼 쉽지가 않아요."

이 말을 들은 과외 선생님은 잠시 머뭇거리더니 나에게 말씀하셨다.

"지영아, 실은 선생님 보기에 네 수학 실력은 고등학교 1학년 수준이 아니야. 혼자 공부해서 성적을 올리고 싶으면 네 수준을 아는 게 중요해. 고등학교 수학은 선생님과 공부하고 네가 혼자 공부하는 시간에는 중학교 수학을 공부해보는 게 어떨까? 그럼 너에게 많은 도움이 될 거야."

그랬다. 선생님 말씀이 옳았다. 나는 현재 나의 교과 수준이 몇 학년 수준인지 파악해야 했다. 당시 혼자 공부를 어렵다고 느꼈던 이유는 나에게 고등학교 1학년 수준이 어렵게 느껴졌기 때문이다. 그 사실을 깨닫고 난 후, 나는 고등학생이어도 중학교 문제집, 기본서를 사서 공부했다. 내 수준에 맞는 내용을 공부하니 혼자 공부가 어렵게 느껴지지 않았다. 그리고 부실한 교과 기초 공사를 재작업 하니 고등학교 1학년 수준의 내용도 쉽게 이해할 수 있게 됐다.

우리에게는 각자 주어진 자신의 계단이 있다. 누군가는 이미 많은 계단을 올랐을 수 있고 누군가는 이제야 한 계단을 오를 수도 있다. 나에게 주어진 계단을 바라보며 올라가야 하는 데 자꾸 먼발치까지 간 사람의 계단을 바라본다. 쫓아가야 한다는 급한 마음 때문에 한 계단 한 계단 신중하게 올라가지 못하고 대충 올라가게 된다. 계단 하나하나 다 의미가 있지만, 그것을 놓쳐버리게 되는 것이다.

그러니 옆 사람이 올라간 만큼 따라잡았어도 그 이후가 힘들어진다. 나는 성급하게 계단을 올라가서 중요한 것들을 많이 놓쳤기 때문이다.

다시 내려가서 첫 계단부터 제대로 밟아야 한다. 시간이 걸리더라도 그렇게 한 계단 한 계단 기초를 잘 쌓아야만 한다. 그래야 혼자 공부가 어렵게 느껴지지 않는다.

혼자 공부를 할 수 있게 만드는 힘은 '마음'이다

유독 나에게만 관대한 사람일수록 혼자 공부가 어렵게 느껴지기도 한다. 이런 성향의 사람은 스스로 약속한 만큼의 시간을 채우지 못하고 금방 타협해버린다. 공부 의지가 약하기 때문에 쉽게 타협이 되고 쉽게 타협이 된 만큼 다음 혼자 공부는 더 어렵게 느껴질 것이다. 혼자 공부를 잘 해내려면 내가 여러 사람의 몫을 소화할 수 있어야 한다. 때로는 부모님의 모습이 돼야 하고, 때로는 따뜻한 친구의 모습이 돼야 한다. 어떤 날은 경쟁 상대의 모습으로도 변할 수 있어야 한다.

타협을 하고 싶은 날은 부모님의 모습으로 변해서 자기 자신을 따끔하게 혼내야 한다. 자기를 채찍질하고 잔소리를 퍼부어야 한다. 힘이 들고 지친 날은 나를 따뜻하게 달래주는 친구의 역할을 해야 한다. 공부의 열정이 샘솟지 않은 날은 예전의 내 성적을 경쟁 상대로 삼고 그것을 뛰어넘으려고 노력해야 한다. 혼자 공부를 할 수 있게 만드는 힘은 결국 '마음'이다.

마음을 잘 다스리면 혼자 공부가 어렵게 느껴지지 않는다. 나는 혼자 공부가 힘들면 자주 따뜻한 친구의 모습으로 내 마음을 달랬다. '이 힘든 과정을 겪어내야 한 계단 더 올라갈 수 있어. 오늘 목표한 양만큼 버틴다면 내일은 두 계단을 오를 수 있을 거야. 그러니 참고 공부하자.' 이렇게 내 마음을 달랬다. 나와 타협하지 않고 한 계단, 한 계단 나의 힘으로 올라가기 위해 최선을 다했다.

낚시를 잘하는 사람은 물고기가 미끼를 물었을 때의 감을 정확하게 알고 있다. 혼자서 터득했기 때문이다. 누군가에게 공부 고기를 잡아주라고 하지 말고 스스로 공부 고기를 낚아채는 감을 익혀야 한다. 혼자 공부를 어렵게 느끼지 않고 잘 극복하면 점점 고기 잡는 감을 터득하게 될 것이다.

'일체유심조(一切唯心造)', 모든 것은 마음에서 만들어진다는 것이다. 변화한다는 것은 나 자신의 마음을 변화하는 것이다. 나 자신의 마음에 무엇인가를 이루고자 하는 간절함을 만들어야 한다. 그리고 공부로 이룰 수 있다는 소망을 생각해야 한다. 힘든 역경이 닥쳐도 내 마음으로, 내 의지로 해결한다는 마음을 만들어야 한다. 그 견고한 마음이 당신을 더는 혼자 공부가 어렵게 느껴지지 않도록 도와줄 것이다.

핵심노트 ③ 이것만은 꼭 기억하자!

성적을 올리는 꿀팁!

1. 개념을 익힌 후, 최소 3~4일 뒤에 관련 문제를 풀자

지금 당장 익힌 개념은 단기기억에 저장되어 있다. 그래서 그 개념과 관련된 문제를 바로 풀게 되면, 마치 내가 그 개념을 다 외운 것 같은 착각이 든다. 그래서 그 개념을 다시 반복해서 보지 않고 그냥 넘기는 것이다. 이런 개념이 쌓이고 쌓이면 학년이 올라갈수록 성적이 떨어진다. 그렇기 때문에 개념을 완벽하게 이해하는 것은 매우 중요하다. 내가 개념을 완벽하게 파악한 것 같다면, 최소 3~4일이 지난 뒤에 관련 문제를 풀어야 한다. 그래야만 내가 그 개념을 제대로 파악했는지 확인할 수 있다.

2. 기본서와 교과서를 최소 10번은 읽는다는 마음가짐으로 책을 본다

우리는 무수히 많은 양의 개념을 공부해야 한다. 무수히 많은 양의 개념을 어떻게 공부해야 할까? 그저 개념을 계속 이해하려고 노력해야 한다. 이해하는 과정이란 하나의 개념을 내 언어로 바꿔서 읽는 연습을 말한다. 내 언어로 바꿔서 읽는 방법은 간단하다. 계속 그 개념을 반복해서 읽는 것이다. 외우려고 하지 말고, 그저 반복해서 읽고 또 읽는다. 한

권의 책이나 기본서를 최소 10번은 읽겠다는 마음가짐으로 책을 봐야 한다. 그래야만 학년이 올라갈수록 성적이 오른다.

3. 오답 정리를 제대로 하자

현재 오답 정리를 하지 않고 있다면 반드시 오답 정리를 해야 한다. 그리고 오답 정리를 하고 있다면 과목별로 하고 있는지 점검해보자. 과목별로 하고 있다면 이제 오답 정리 방법을 바꿔야 한다. 한 과목을 각 부분까지 세부적으로 나눠서 오답 정리를 해야 한다. 교과를 부분까지 나누는 이유는 간단하다. 세세하게 나눠야 그 교과에서 나에게 특히 부족한 부분을 쉽게 파악할 수 있기 때문이다. 그리고 그 부분을 집중적으로 공부를 해야 나의 성적이 올라가기 때문이다.

내가 고등학생 시절, 국어 영역(당시 언어 영역)은 '쓰기, 문학, 비문학, 듣기' 이렇게 4 부분으로 나뉘었다. 단지 '국어 영역' 이라는 한 권의 오답 노트를 만들지 말고, '쓰기', '문학', '비문학', '듣기' 이렇게 4권의 오답 노트를 만들어야 한다. 그런 후, 국어 문제집을 풀거나 모의고사를 보고 난 후, 각 부분마다 내가 틀렸던 문제를 정리한다. 그렇게 정리하면 유독 빨리 채워지는 공책이 있다. 그 부분이 바로 내가 가장 취약한 부분인 것이다. 내가 가장 취약한 부분을 빨리 알아야 그 구멍을 메꿀 수 있다. 그렇기 때문에 교과가 아닌 교과의 부분까지도 세세하게 다루는 오답 노트를 만들자.

5

내 잘못된 공부법, 어떻게 알 수 있을까?

이해하려고 노력하는 행동이 미덕의 첫 단계이자 유일한 기본이다.
– 바뤼흐 스피노자

'유레카'처럼 내 잘못된 공부법을 찾아내자

'유레카'는 그리스어로 '찾았다, 깨닫게 됐다.'라는 뜻이다. 유레카와 관련된 재미있는 일화가 있다. 기원전 200년경, 왕 히에로 2세는 금으로 된 왕관을 만들었다. 얼마 뒤 백성들에게 그 왕관은 순금이 아닌 은이 섞인 왕관이라는 소문이 돌았다.

이 소문은 결국 히에로 2세 귀에 들어갔다. 왕은 당시 유명한 수학자인 아르키메데스를 불렀다. 아르키메데스는 몇 날 며칠 그 문제를 해결하기 위해 고민했다. 하루는 아르키메데스가 목욕통에 들어가 목욕을 하다 말고 뛰쳐나오면서 외쳤다.

"유레카, 유레카."

아르키메데스는 목욕하며 부력의 원리를 깨닫게 된 것이다. 아르키메데스는 부력의 원리를 이용해서 왕의 왕관이 은이 섞여 있다는 것을 증명할 수 있었다. 나의 잘못된 공부법이 '왕의 왕관'이라면 아르키메데스의 '유레카'처럼 그 해결 방법을 찾아내야 한다. 찾아내서 해결해야 한다. 그래야만 학년이 올라갈수록 성적이 올라가기 때문이다.

내 잘못된 공부법을 파악하는 방법은 간단하다. 먼저 성적이 떨어지고 있다는 것이 증거다. 분명 혼자서 공부하는 시간은 많지만, 시험을 볼 때마다 성적이 떨어지고 있다면? 이건 내 공부법에 문제가 있다는 증거다. 이 공부법으로는 하루 24시간을 혼자서 공부한다고 해도 성적을 올릴 수 없다. 그 누가 봐도 혼자서 공부하는 시간이 많다고 느껴지는데 성적이 오르지 않는다면 나는 지금 어떤 식으로 공부하고 있는지 반드시 점검해야 한다.

내가 고등학교 2학년이었을 때, 전교 1등 못지않게 자기 자리에 앉아서 공부를 열심히 했던 친한 친구가 있었다. 하지만 그 친구는 시험을 보면 항상 중하위권의 등수를 맴돌았다. 시험 결과가 나오면 그 친구의 안색은 좋지 않았다. 자신의 성적에 실망한 기색이 역력했다. 쉬는 시간에 그 친구는 나를 찾아와 하소연했다.

"이번에는 저번 중간고사 때보다 더 열심히 공부했는데도 성적이 떨어졌어."

"어떻게 공부했는데?"

"참고서 보고 바로 문제집 풀었지. 그렇게 하면 분명 다 맞았는데 왜 시험만 보면 틀리는지 모르겠어."

나는 친구의 말을 듣자마자 그것이 잘못된 공부법이란 걸 알 수 있었다. 오늘 새롭게 알게 된 내용을 제대로 이해했는지 확인하려면 최소 3~4일은 지나야 한다. 그래야 파악할 수 있다. 하지만 내 친구는 그걸 지키지 않고 개념을 익힘과 동시에 바로 그와 관련된 문제를 풀어버렸다. 그러니 문제를 풀 때는 다 맞을 수밖에 없었다. 친구는 그게 자신의 실력이라고 생각하고 바로 다음 개념을 공부했을 것이다. 이 악순환이 반복되니 시험을 볼 때가 되면 친구의 장기기억은 제 역할을 못 했다. 그 결과 성적이 떨어졌을 것이다. 따라서 혼자서 공부하는 시간이 많지만, 성적이 떨어지고 있다면 잘못된 공부법으로 공부하고 있다는 것을 깨달아야 한다.

두 번째로 혼자 공부하는 시간의 양으로 내 잘못된 공부법을 알 수 있다. 부족한 교과나 개념이 어려운 교과는 인터넷 강의나 학원에 다니며 해결하고 있을 것이다. 하지만 이 시간이 내가 혼자서 의자에 앉아 공부하고 있는 시간보다 많다면 잘못된 공부법이다. 내가 혼자서 공부하고 있는 시간의 양이 절대적으로 많아야 한다. 학원 수업을 듣거나 인터넷 강의를 들을 때는 마치 내가 다 알고 있는 듯한 착각을 하게 된다. 그래서 이 개념을 따로 복습해야 하는 시간의 양을 적게 만들 수 있다.

이렇게 되면 내 머릿속에 들어온 정보는 단기기억에만 머물게 되고 내 것이 되지 못한다. 내 것이 되지 못한 개념이 쌓이면 제자리걸음이었던 성적도 어느새 떨어지게 된다. 내가 익힌 개념과 관련된 문제는 최소 3~4일이 지난 뒤 풀어보자. 제대로 풀지 못하면 이것도 잘못된 공부법으로 공부하고 있다는 증거이다. 또한, 교과서나 기본서를 공부할 때 나의 관점이 들어간 채 글을 읽는지 점검해야 한다. 내 멋대로 책 내용의 중요도를 따지면 안 된다. 모든 내용이 다 중요하다는 마음으로 공부해야 한다.

공부할 때는 나와의 속대화를 즐기자

친구들과 함께 스터디 모임을 만드는 친구가 있다. 4~5명의 친구가 모여 서로 공부했던 내용을 이야기한다. 혹은 분량을 나눠서 서로 요약 정리한 내용을 복사해서 나눠 갖는다. 그리고 친구가 정리한 요약본을 보면서 공부한다. 고등학생 시절 스터디는 독이다. 나는 대학교 생활을 할 때도 그룹 스터디를 해본 적이 단 한 번도 없다. 스터디는 시간 낭비다. 차라리 그 시간에 혼자 의자에 앉아서 다른 교과 공부를 하는 편이 훨씬 낫다. 일단 스터디를 한다면 다 같이 모여야 한다. 모이는 시간이 걸린다. 게다가 4명의 친구들이 모여서 한 명씩 돌아가면서 공부한 내용을 이야기한다면? 2분씩만 잡는다고 해도 8분이라는 시간이 소요된다. 내가 2분을 말한다고 해도 나머지 6분은 버려지게 되는 것이다.

학창 시절 그룹 스터디는 잘못된 공부법이다. 다른 사람에게 내가 공부한 내용을 점검 받으려고 하면 안 된다. 공부 속대화를 활용해야 한다. 마치 내가 두 사람인 것처럼 생각한 후 또 다른 나에게 설명을 하면 된다. 또 다른 나에게 설명하는 것을 자꾸 연습해야 한다. 꾸준히 연습을 하면 습관이 되고 그 습관이 나의 일상이 된다. 공부 속대화가 일상이 되면 과거 그룹 스터디를 했던 자신의 모습을 한심하게 바라보고 있을 것이다.

내가 제대로 된 공부법으로 공부하고 있는지 확인할 수 있는 또 다른 방법은 내 주변 친구들을 관찰하면 된다. 나는 주로 어떤 친구들과 어울리는지 생각하면 된다. 나는 고등학교 1학년 여름 방학 전까지 공부에 흥미가 없었다. 벼락치기는 내 특기였다. 내 주변 친구들 또한 공부를 잘하는 친구가 단 한 명도 없었다. 그나마 내가 조금 더 성적이 좋았다. 그래서 내 주변 친구들은 내 공부법을 맹신하며 따라 했다.

그랬던 내가 고등학교 1학년 두발 검사를 계기로 공부를 해야겠다는 강한 의지가 샘솟았다. 하지만 생각만큼 성적이 오르지 않았다. '공부를 잘하는 친구들과 어울리면 알 수 있을까?' 싶은 생각이 들었다. 그래서 나는 공부를 잘하는 친구와 친해지기 위해 노력했다. 만나는 친구들이 바뀌니 저절로 오가는 대화는 '공부'에 관한 것이었다. 공부를 잘하는 친구들과 공부 이야기를 하면서 나는 내 잘못된 공부법을 깨달을 수 있었다. 그 친구들의 공부법을 무작정 따라 했다. 무작정 따라 하면서 혼자서 공부하는 시간의 양을 늘렸다. 그랬더니 기적처럼 성적이 올랐다.

지금 당신의 주변 친구들을 떠올려보자. 공부를 잘하는 친구들이 더 많은가? 아니면 공부에 관심이 없는 친구들이 더 많은가? 만일 공부를 잘하는 친구들이 더 많다면 그 친구들과 대화를 많이 나눠야 한다. 대화 때 오가는 말 중 뜻하지 않은 곳에서 나의 잘못된 공부법을 파악할 수 있기 때문이다. 반면에 당신 주변에 공부에 관심이 없는 친구들이 더 많다면? 그 친구들을 통해 나의 잘못된 공부법을 알아내는 것은 하늘의 별 따기만큼 어려울 것이다. 어쩌면 그 친구들을 만나면 만날수록 내 공부법이 정답인 것 같은 착각이 들 수도 있다.

나의 잘못된 공부법을 하루라도 빨리 파악하는 것이 중요하다. 그래야 학년이 올라갈수록 성적이 오르기 때문이다. 이 책을 읽고 난 후 지금 나는 효과적인 공부를 하고 있는지 생각해보자. 잘못된 공부법으로 공부하고 있다는 게 느껴진다면 당장 지금부터 공부법을 바꿔야한다. 잘못된 공부법을 파악한 순간 "유레카"를 외치자. 외치는 순간 당신의 성적이 오르는 소리가 들릴 것이다.

6

잘못된 공부법을 인정하자

성공은 매일 부단하게 반복된 작은 노력의 합산이다.
-괴테

잘못된 공부법을 인정하는 것은 매우 중요하다

1909년 노벨 생리의학상을 수상한 의사가 있다. 외과의사가 받은 최초의 노벨상이다. 바로 '코허'이다. 코허는 어떻게 해서 외과의사 최초로 노벨 생리의학상을 수상할 수 있었을까? 그 이유는 자신의 잘못을 인정했기 때문이다. 우리 몸의 일부분인 갑상선은 중요한 기능을 한다. 갑상선은 인체의 내분비를 정교하게 조절하는 기능을 하고 있다. 하지만 이 같은 기능을 하는 갑상선이 비정상적으로 커지면 기도를 압박해 질식사 할 수 있다. 그래서 그 당시에는 비정상적으로 커진 갑상선을 절제하는 수술을 했다.

갑상선 수술을 받은 환자들 중 일부 환자들에게 심각한 부작용이 생겼다. 부작용은 의사인 코어가 반드시 해결해야만 하는 문제였다. 그러던 중, 코어는 유일하게 갑상선을 완전히 절제한 환자들에게만 부작용이 생긴다는 사실을 깨닫게 됐다. 코어는 즉각 1883년 4월, 자신이 갑상선을 완전히 절제해서 수술한 것이 얼마나 잘못된 것인지를 인정하는 설명회를 열었다. 그 후 놀라운 일이 일어났다. 잘못을 인정하는 설명회를 열고 난 후, 갑상선 수술을 받고 부작용을 호소하는 환자가 발생하지 않게 된 것이다.

외과의사 '코어'처럼 자신의 잘못된 공부법을 인정하는 것은 무척 중요하다. 인정한다는 것은 그 자체로 두려움의 실체를 극복할 수 있는 힘을 만들어준다. 즉 잘못된 공부법을 인정한다는 말은 새로운 공부법에 대한 두려움을 극복하게 도와준다는 것이다. 오히려 새로운 공부법을 긍정적으로 받아들일 수 있는 마음의 문을 열어준다. 내가 더 성장할 수 있는 힘을 만들어주는 것이다. 잘못된 공부법을 인정하는 순간 학년이 올라갈수록 내 성적이 올라가는 경험을 하게 될 것이다.

잘못된 공부법을 인정하는 것은 나의 공부법을 업그레이드 할 수 있는 강한 무기다. 현재 나의 공부법이 100가지라면 그 100가지 모두 잘못된 공부법이라고 판단할 수 없다. 그중 80가지가 잘못된 것이라면 20가지는 여전히 유효한 공부법이 된다. 잘못된 공부법은 빨리 파악하고 빨리 인정할수록 좋다. 그래야 더 좋은 공부법을 도입할 수 있기 때문이다.

원래 잘하고 있던 20가지의 공부법에 새로운 공부법 80가지를 도입한다면? 예전과 비교할 수 없는 초강력무기 공부법이 나에게 장착된 것이다. 나에게 장착된 순간 공부에 흥미가 생길 것이다. 공부에 흥미가 생기면 의자에 오래 앉아 있게 되고, 의자에 오래 앉아 있으면 혼자서 공부하는 시간이 늘어난다. 긍정의 순환이 계속 반복되는 것이다.

하물며 요리를 할 때도 마찬가지다. TV에서 맛집으로 소개되는 식당은 대부분 그 식당만의 특급 비밀 소스가 있다. 사장님 인터뷰 내용을 보면 소스를 만드는 과정 중 잘못된 부분을 발견하면 과감히 인정하고, 다시 처음부터 만들었다는 내용을 심심치 않게 볼 수 있다. 잘못된 부분을 빨리 인정하고 개선하니, 그 인정이 더 좋은 맛을 찾기 위한 과정에 큰 도움이 된 것이다. 그 결과 그 식당은 그 식당만의 특급 비밀 소스를 개발할 수 있는 것이고, 그 덕에 맛집으로 유명해지는 것이다.

나는 지금 내신, 수능 모두를 만족하는 공부를 하고 있는가?

나는 고등학교 1학년 여름 방학을 기점으로 뚜렷한 공부 목표가 생겼다. 그 공부 목표로 혼자서 공부하는 시간을 늘리고 수업 시간에 선생님의 수업을 집중하며 들을 수 있었다. 열심히 한 만큼 내신 등수는 꾸준히 올랐다. 고등학교 2학년 때는 줄곧 2등을 차지했다. 하지만 모의고사를 보면 내 등수는 6등, 7등까지 떨어졌다. 2시간만 자면서 공부를 하는데도 모의고사 점수는 잘 오르지 않았다. 문제가 있다는 것을 깨닫고 내신, 모의고사 모두 반에서 1등인 친구에게 물어봤다.

"지윤아, 너 내신 공부하는 거랑 모의고사 공부하는 거랑 똑같게 공부해?"

"아니, 내신이랑 모의고사랑 따로 공부해야지."

"어떻게 다르게 하는 건데?"

"내신은 수업 시간에 선생님들께서 중요하다고 짚어준 것들 위주로 공부하고, 모의고사는 어디서 나올지 모르니까 전부 다 봐야지."

"헐, 그럼 참고서 전부 다 읽는 거야?"

"응, 당연한 거 아니야?"

지윤이와 대화를 나누고 나니 나는 오직 내신 관리를 위한 공부를 하고 있었다. 매일 이어지는 새벽 3시 30분까지의 혼자 공부는 오직 내신을 관리하기 위한 공부였던 것이다. 나는 수업 시간에 선생님께서 특히 강조했던 부분 위주로만 공부하는 버릇이 있었다. 그렇다 보니 두 번, 세 번, 열 번을 봐도 처음 놓쳤던 부분은 계속 놓치며 공부했던 것이다. 그 공부법 덕에 나는 내신 점수를 잘 관리할 수 있었다. 하지만 그 공부법 때문에 나의 모의고사 점수는 늘 엉망이었던 것이다.

지윤이와의 대화로 나의 잘못된 공부법을 쉽게 파악할 수 있었다. 나는 그날 바로 나의 잘못된 공부법을 수긍하고 인정했다. 나의 잘못된 공부법을 알고 나니 계속 살려야 할 공부법과 당장 버려야 할 공부법을 쉽게 구분할 수 있었다. 지금 내가 하고 있는 공부법은 내신 점수를 관리하는데 유용하니 살려야 할 공부법이다.

하지만 수능이라는 큰 그림을 봤을 때는 이 공부법은 당장 버려야 한다. 수능을 위한 공부법을 다시 찾아야만 했다. 나는 나의 잘못된 공부법을 바로 인정했다. 그 덕에 무엇이 잘못됐는지 금방 파악할 수 있었다. 인정을 하고 나니 나의 잘못된 공부법을 바로 바꾸는 데 큰 도움이 됐다.

공부 잘하는 친구와 자주 대화해야 잘못된 공부법을 인정할 수 있다

이렇게 잘못된 공부법을 인정하려면 공부를 잘하는 친구와의 대화가 많은 도움이 된다. 나의 성적이 오르지 않는다고 고민할 필요가 없다. 그 고민할 시간에 친구에게 다가가 나의 공부법을 허심탄회하게 털어놓아야 한다. 내 공부법을 적나라하게 털어놓을수록 나에게는 더 많은 도움이 된다. 공부로는 절대 내 자존심을 챙기면 안 된다. 내세워서도 안 된다. 나의 자존심을 버리는 순간 현재 나의 정확한 공부법을 파악할 수 있다. 그러면 쉽게 잘못된 부분을 파악할 수 있고 남들보다 더 빨리 내 공부법을 개선할 수 있다.

당신이 고등학생이 된 순간 시간이 눈 깜짝할 사이에 지나가고 있다는 것을 느끼게 될 것이다. 하루라도 빨리 나의 공부법을 점검해야 한다. 잘못된 공부법은 빨리 파악하고 인정해야한다. 시간은 소중한 자원이다. 늦게 점검하고 늦게 인정할수록 시간이라는 귀중한 자원을 낭비하게 되는 것이다.

인간생태학을 연구하는 칼 필레머 코넬대 교수가 65세 이상, 총 1500명 이상의 노인을 대상으로 인터뷰를 했다. 그가 던진 질문은 "당신의 삶을 되돌아봤을 때 가장 후회하는 점은 무엇입니까?"였다. 가장 많은 답변은 "너무 걱정하며 살지 말걸 그랬다."였다. 우리는 공부를 하면서 끊임없이 스스로에게 질문을 던진다. '과연 이 공부법이 맞을까? 잘못됐으면 어떡하지?' 그런데 당신이 이 고민을 하다가 65세가 됐을 때 당신의 답변 또한 이렇게 말할 것이다. "그때 공부법에 대해 걱정하지 말걸 그랬어요. 차라리 빨리 파악하고 인정했어야 하는데."라고 말이다.

잘못된 공부법이라고 느껴지는 순간 걱정을 할 필요가 전혀 없다. 잘못된 공부법을 빨리 찾고 바로 인정하면 된다. 인정하게 되면 바로 새로운 공부법을 계획할 수 있기 때문이다. 당신이 공부법을 계속 걱정하며 살기에는 '수능'이라는 시험 시간이 그리 많이 남아 있지 않다는 것을 꼭 명심하길 바란다.

7

핵심을 파악하지 않는 혼공은 시간낭비다

가장 유능한 사람은 배움에 힘쓰는 사람이다.
– 괴테

혼공의 여정은 오직 혼자서 해내는 공부다

등산을 가려고 하는 한 사람이 있다. 먼 여정인 듯하다. 이미 그의 배낭가방은 많은 짐들로 넘쳐난다. 대체 어디를 가기에 저렇게 많은 짐을 들고 갈까? 주변에는 동료 친구도 없다. 혼자서 묵묵히 걸어 올라간다. 무거운 배낭을 메고 말이다. 터벅터벅 산을 오르고 있다. 산을 오르고 있는 중간중간 등산객의 표정이 보인다. 무엇인가 깨달은 듯 활짝 미소를 짓기도 한다. 가끔 힘이 많이 드는지 지쳐 보이기도 한다. 때로는 아무 표정 없이 묵묵히 올라가고 있다. 그렇게 그는 혼자 힘으로 산 정상까지 올랐다. 배낭을 내려놓는 순간 그의 표정은 형언할 수 없는 행복한 표정을 짓고 있다. 뜨거운 눈물을 흘리며 환희의 순간을 만끽하고 있다.

당신이 앞으로 가게 될 혼공의 여정이다. 혼공은 '혼자 공부'다. '혼자'란 다른 사람과 함께 있지 아니하고 그 사람 한 명만 있는 상태를 뜻한다. '공부'는 학문이나 기술을 배우고 익힘을 뜻한다. 즉 학문과 기술을 스스로의 힘으로 익히는 것을 혼공이라고 한다. 당신이 생각하는 혼공이란 무엇인가? 단지 혼자 의자에 앉아서 책상에 놓여 있는 책을 스스로 공부하는 것이라고 생각하는가? 그렇다면 잘못된 생각이다. 혼공의 핵심을 전혀 파악하지 못한 것이다.

혼공의 첫 번째 핵심은 혼자서 스스로 공부하면서 성적이 올라가는 것을 뜻한다. 단순히 혼자서 공부하는 것만을 '혼공'이라고 정의하지 않는다. 혼자서 공부를 하되 학년이 올라갈수록 성적도 함께 올라가야 한다. 비유하자면, 위의 등산객이 포기하지 않고 혼자의 힘으로 산 정상에 도착한 것이 바로 혼공의 기본 핵심이다. 그래서 혼공을 할 때는 효과적인 공부법을 병행해야 한다. 효과적인 공부법을 병행하지 않으면 내 눈은 산 정상을 바라볼지언정 내 발은 계속 땅바닥에 머물고 있는 것과 같다.

혼공을 열심히 하고 있지만 성적이 오르지 않는다면 공부법을 바꿔야 한다. 혼공의 첫 번째 핵심은 성적이 올라가는 것이기 때문이다. 아무리 산 정상을 오르고 싶다고 해도 내가 갖고 있는 장비가 뒤따라주지 않는다면 과감히 버릴 줄도 알아야 한다. 과감히 버리고 더 좋은 장비를 장착

해야 한다. 공부도 마찬가지다. 혼자서 열심히 공부를 하는데도 성적이 제자리걸음이거나, 오히려 떨어지고 있다면 과감히 공부법을 바꿔야 한다. 그래야 시간을 낭비하지 않는다.

하지만 혼공의 핵심을 '혼자 공부해서 성적 올리기'로만 정의한다면 이것 또한 나의 아까운 시간을 낭비하는 것이다. 이는 마치 등산객이 등산을 할 때, 주변 경치를 하나도 바라보지 않고 오직 산 정상만을 향해간 것과 같다. 즉 혼자 힘으로 산 정상까지 무사히 도착했지만 그 과정 중 숨겨진 핵심을 모두 놓친 것이다. 혼공은 성적을 올리는 것이 첫 번째 핵심이기도 하지만 또 다른 핵심 역시 품고 있다. 혼공을 단순히 성적 올리기라는 핵심으로만 바라봐서는 안 된다. 혼공에는 더 많은 의미가 담겨 있기 때문이다. 혼공할 때 또 다른 핵심을 생각하지 않고 공부한다면 당신은 성적이 올라갔어도 그 안에 담긴 숨은 보석을 발견하지 못할 것이다.

혼공의 두 번째 핵심은 나를 뛰어넘는 경험을 하게끔 도와준다는 것이다. 현재의 내 모습을 버리고 새롭게 태어날 수 있는 기회를 제공해주는 것이다. 혼공은 어제와 다른 오늘의 내 모습을 만들어준다.

우리가 유용하게 쓰고 있는 전기를 발명한 사람이 누구인지 알 것이다. 바로 '토마스 에디슨'이다. 토마스 에디슨은 수많은 실패를 거듭한 후 성공하게 됐다. 에디슨은 실패를 거듭할수록 어제의 모습을 뛰어넘었다. 에디슨은 전구 발명이라는 한 번의 성공을 위해 무려 1,000번을 실패했다. 만일 에디슨이 단 한 번에 전구를 발명했다면 과연 스스로 무언가를 깨달을 수 있었을까? 마치 등산객이 한 발자국 내딛는 순간 단 한 번에 산 정상에 도착한 것과 같을 것이다. 즉 노력 없는 성공은 어제의 나를 뛰어넘지 못한다. 에디슨 또한 1,000번이라는 실패가 있었기 때문에 1,000번 동안 어제의 모습을 버리고 새롭게 태어날 수 있었던 것이다.

혼공을 하면 그 과정 중 수많은 시련과 고통을 경험할 것이다. 그 과정이 바로 산 정상을 향한 등산을 하며 내가 잊지 않고 중간중간 꼭 봐야 할 숨겨진 핵심이다. 힘들다는 이유로 땅바닥만 바라보고 있다면 혼공의 숨겨진 보석을 놓치게 된다. 힘들어도 자꾸 고개를 들고 주변을 바라봐야 한다. 그리고 주변을 보면서 스스로 극복할 수 있는 힘을 길러야 한다. 혼공의 가치를 깨닫는 순간 어제보다 더 나은 내 모습을 볼 수 있게 된다.

혼공 과정에 숨겨진 보석을 찾아라

나 역시 혼공을 시작하기 전까지 혼공의 핵심을 단순히 첫 번째 의미로만 생각했다. 그래서 처음 혼공을 시작하는 게 무척 두려웠다. 혼자서 열심히 공부했지만 성적이 오르지 않을까 봐 걱정했기 때문이다. 그래서 처음에는 의자에 앉아 있는 것도 무척 힘들었다. 나는 막 등산을 하자마자 힘들었던 경우였던 것 같다. 하지만 나는 자꾸 주변 경치를 보려고 노력했다. 혼공을 하며 시련과 고통을 느낄 때마다 그 안에 숨겨진 핵심을 찾기 위해 노력했다.

문제가 풀리지 않는 날은 종일 그 한 문제를 해결하기 위해 5시간 이상을 고민한 적이 있었다. 그 과정에서 나는 '인내, 끈기'라는 보석을 얻을 수 있었다. 5시간 이상을 고민하고 난 뒤 문제가 풀리는 순간 나는 혼공의 '기쁨'을 맛보았다. 마음이 힘든 날은 용기를 주는 책을 읽으면서 치유할 수 있었다. 이 과정에서 나는 '깨달음'의 보석을 얻었다. 인내, 끈기, 기쁨 등 수많은 혼공 보석을 맛보니 조금씩 힘이 났다. 다시 내 눈이 산 정상을 바라보게 됐고 한 걸음 한 걸음 느린 속도지만 꾸준히 올라갈 수 있었다. 중간에 힘이 들면 잠시 멈추고 주변 경치를 바라볼 수 있는 힘이 생겼기 때문이다.

혼공의 세 번째 핵심은 '나'라는 사람을 진지하게 들여다볼 기회를 준다는 것이다. '코어'라는 일본 잉어가 있다. 이 잉어를 수족관에 넣어서 키우면 5~8cm 정도밖에 크지 않는다. 만일 연못에 넣어 키운다면 같은 물고기여도 30~50cm까지 성장한다. 이 물고기를 강이나 바닷가에서 키운다면? 무려 80~120cm까지 성장한다고 한다. 놀랍지 않은가? 같은 물고기지만 어떤 환경에서 자라느냐에 따라 이렇게나 크기가 달라진다.

실제로 혼공을 오래하면 할수록 '코어'라는 잉어가 바닷가에서 성장한

만큼의 크기만큼 '나'라는 사람을 파악할 수 있을 것이다. 나 역시 혼공을 시작하고 나서 나와의 속대화를 참 많이 했다. 혼공은 속대화를 많이 할 수 있는 시간을 제공한다. 혼공을 막 시작했을 때 나는 이렇게 속대화를 했다.

'나는 참 의지가 강한 사람이구나.'

그러다 혼공을 조금 더 하니 이번에는 속대화에 한 가지가 더 추가됐다.

'나는 참 의지가 강하고, 내 안에 시련을 극복하는 힘도 있었구나.'

그리고 1년이라는 시간을 혼공하니 '나'라는 사람이 어떤 사람인지 많은 것을 깨닫게 됐다. 단순히 한두 개로 설명할 수 없는 '나'라는 사람에 대해 파악할 수 있게 된 것이다. 당신이 성적을 올리는 것에 마음이 급해 오직 산 정상만을 바라보고 달려가고 있다면 혼공의 이 세 번째 핵심을 안타깝게 놓치게 된다.

그래서 혼공을 통해 성적이 올라갔어도 시련이 닥칠 때마다 쉽게 좌절하고 포기하게 된다. 숨겨진 '나'라는 사람을 깨달을 수 있는 절호의 시간을 제공했는데 안타깝게도 그 기회를 놓친 것이다.

산 정상을 향한 등산은 오랜 여정이다. 하지만 그 여정 안에는 숨겨진 많은 보석이 숨어 있다. 어제보다 더 많은 걸음을 올라간 나를 보며 나를 뛰어넘는 보석을 발견할 것이다. 여정이 힘들 때마다 주변을 바라보면 '나'라는 사람을 들여다볼 시간을 제공한다. 그러니 혼공을 할 때 핵심을 놓치지 말자. 당신이 모든 핵심을 품에 안고 산 정상에 도착한 순간, 당신에게 더 나은 미래를 안겨줄 붉은 해가 당신을 향해 환하게 비출 것이다.

8

공부를 포기한 너, 다시 시작할 수 있다

내일은 우리가 어제로부터 무엇인가 배웠기를 원한다.
– 존 웨인

내 삶의 주인이 '나'라는 것을 깨닫고 공부를 시작하다

무거운 침묵의 분위기가 온 방안을 감싼다. 답답하고 우울하다. 결국 집을 뛰쳐나와 친구들을 만난다. 하지만 이내 친구들의 가족 이야기를 들으니 나는 풀이 죽는다. 할 말이 없다. 한 친구는 부모님의 결혼기념일을 챙겨준 이야기를 꺼낸다. 나는 신기한 듯이 듣고 있다. 마치 드라마에서나 나올 법한 얘기 같기 때문이다. 결혼기념일을 챙긴다는 건 우리 집에서는 있을 수 없는 일이다. 그렇게 친구들과 헤어지고 나는 무거운 발걸음으로 집에 들어온다. 대문을 들어서는 순간, 잠시 벗어났던 무거운 침묵이 다시 나를 감싼다. 이내 답답한 마음이 밀려오고 나는 내 방문을

닫고 들어가 버린다. 그리고는 부모님을 원망하며 혼자 눈물을 흘린다.

중학생 시절, 나는 유독 자주 울적했다. 집안을 감도는 무거운 침묵이 싫었다. 그래서 항상 집 밖으로 나갔다. 누군가를 만나야 답답한 마음이 해결됐기 때문이다. 하지만 다시 집으로 돌아오면 답답한 마음은 2배가 돼서 나에게 돌아왔다. 나에게 공부는 중요하지 않았다. 공부는 뒷전이었다. 내 답답한 마음을 해결하는 게 목적이었다. 그래서 학창 시절 내 수학 점수는 '수, 우, 미, 양, 가' 중 잘 나오면 '미', 그렇지 않으면 '양'이었다. 하지만 그랬던 내가 고등학생이 되고 난 후, 공부를 해야겠다는 뚜렷한 목표가 생기고 공부에 전념할 수 있었다.

내가 공부를 해야겠다고 다짐한 이유는 내 삶의 주인이 '나'라는 것을 깨달았기 때문이다. 내가 자주 답답하고 울적했던 시절은 내 삶의 주인이 내가 아니었다. 나는 우리 부모님을 중심으로 세상을 바라보고 있었다. '나'라는 사람의 몸으로 살고 있지만 내 마음은 '부모님'이었기 때문에 내 의지대로 할 수 없었던 것이다. 그래서 자꾸 방황을 하고 친구들을 만나면서 시간을 허비했다.

하지만 고등학생이 되고 난 후 철저한 두발 검사를 받으며 나는 갈색 머리카락 때문에 한 달에 한 번씩 매를 맞았다. 매를 맞으며 '부모님'으로 가득했던 내 마음이 점점 '나'라는 사람으로 변했다. '나'를 향한 마음으로 가득 차니 세상이 나를 중심으로 돌아가게 됐다. 내가 태어난 이유는 바로 '내 삶의 주인이 되어 주체적으로 살아야 되기 때문'이라는 깨달음을 얻게 된 것이다. 그 순간 '어떻게 살아야 내가 내 삶의 주인이 될까?'라고 고민하기 시작했다. 그 고민의 해답은 바로 '공부'였다.

공부를 하면 할수록 내게 있던 시련은 모두 축복을 받기 위한 복선이었다는 것을 알게 됐다. 특히 내 갈색 머리는 내가 태어난 순간, '네 삶의 주인이 돼서 살아라.'라는 신의 큰 선물이었다. 부모님에 대한 원망으로만 가득 찼던 내 마음이 '공부'를 통해 그 마음을 깨끗하게 씻어 내릴 수 있었다. 그리고 그 자리를 공부로 채워갔다. 그리고 공부로 채워질수록 공부는 내 내면의 힘을 점점 강하게 만들어 주었다.

공부를 포기했을 때는 항상 친구들을 만나야 했다. 그렇지 않으면 울적하고 답답했다. 하지만 공부를 시작하고 나니 그 마음이 어느새 감쪽같이 사라지고 없었다. 내 마음에 싹튼 공부에 대한 목표가 모든 것을 다 뭉개버린 것이다. 그래서 나는 힘든 일이 닥쳐도 스스로 이겨내는 법을 터득했다. 즉, 공부 중에 어떤 시련이 닥쳐도 공부를 함으로써 극복할 수 있게 된 것이다. 그 결과 어제의 나보다 더 뛰어난 오늘의 나로 변해가는 것을 느낄 수 있었다.

혹시 당신도 중학생 시절, 나와 같은 이유로 공부를 일찍 포기했는가? 그러면 지금 내 마음이 누구로 가득 찼는지 생각해야 한다. 그 깨달음을 얻기 전까지는 계속 고민하고 또 고민해야한다. 내 마음의 주인은 '나' 라는 사람이고 내 삶의 주인공 역시 '나'라는 것을 잊어서는 안 된다. 그걸 잊게 되는 순간 공부를 포기하게 되는 것이다. '나'라는 사람이 주인공이 되면 이루고 싶은 꿈이 생기고 목표가 생긴다. 학생인 내가 그 꿈과 목표를 이루기 위해서는 '공부만이 답이다.'라는 마음으로 살아야한다. 그래야 공부를 포기하고 싶은 마음이 눈 녹듯 사라진다.

학창 시절, 나를 알아가는 유일한 수단은 공부다

우리가 세상을 살아가려면 '나'라는 사람이 어떤 사람인지 반드시 알아야 한다. 학창 시절에는 그 유일한 수단이 공부다. 공부를 하면 자신도 모르게 자기 스스로와 많은 속대화를 하게 된다. 속대화를 많이 하면 할수록 '나'라는 사람을 빨리 파악할 수 있다. 하지만 학창 시절 일찍 공부를 포기하면 속대화를 할 시간이 없다. 그러면 늦어진 시간만큼 나를 파악하기가 어려워진다.

공부를 하면서 나를 잘 파악해야 수능이 끝나고 난 뒤 내 적성에 맞는 대학교를 진학할 수 있다. 하지만 공부를 일찍 포기한 뒤 수능을 보고 나면 내 등급에 맞는 대학교를 찾아서 가게 된다. 그게 내 적성이고 내 모습이려니 하면서 말이다. 그래서 취직의 악순환이 반복되고, 나중에서야 학창 시절 공부의 중요성을 깨닫게 된다. 악순환을 깨트리려고 하지만 이미 학창 시절은 지났다. 되돌리기에는 시간이 늦은 것이다.

당신의 성적이 오르지 않아 공부를 포기했다면 지금 당장 그 마음을 접고 공부를 시작해야 한다. 당신의 성적은 반드시 오를 수 있다. 잘못된 공부법을 파악한 뒤 올바른 공부법으로 실천하면 되기 때문이다. 어려운 문제가 아니다. 나 역시 잘못된 공부법을 파악했고, 그 결과 반에서 18등이었던 내신 등수가 3등까지 올랐다. 나보다 더 나은 등수를 차지하고 있다면 그만큼 성적을 더 많이 올릴 수 있다는 증거다. 그러니 성적이 오르지 않는다는 이유 하나만으로 공부를 포기해서는 절대 안 된다.

제대로 된 공부법을 몰라서 공부를 포기했다면 주변 친구들의 도움을 받으면 된다. 공부법 때문에 공부를 포기했다면 불필요한 자존심만 내세운 꼴이다. 내 주변을 둘러보면 공부를 잘하는 친구들이 꽤 있다. 야자 시간에 가만히 앉아서 그 친구들을 바라보는 것도 큰 공부가 된다.

나 역시 고등학교 1학년 때 국어 영역 공부법을 몰랐다. 그래서 모의고사를 보면 항상 5~6등급이었다. 그랬던 내가 '국어 영역의 신'이라는 친구와 짝꿍이 됐다. 그 친구의 국어 공부법을 꾸준히 관찰했다. 그 결과 나는 제대로 된 공부법을 찾을 수 있었다. 오랫동안 그 친구의 방법으로 훈련을 했고, 국어 영역 6등급이었던 내가 1등급까지 올릴 수 있었다.

이렇게 배우고자 하는 나의 의지만 있으면 효과적인 공부법은 어떻게든 찾아낼 수 있다. 그러니 단순히 공부법을 모르기 때문에 공부를 포기했다면 당장 오늘부터 공부를 잘하는 친구들을 관찰하면 된다. 이 악물고 찾아내야 한다. 그래야 학년이 올라갈수록 내 성적이 오른다. 그러니 공부법을 몰라서 공부를 포기하는 것은 성급한 판단이다.

마지막으로 당신이 공부를 포기한 이유가 단지 꿈이 없기 때문에 포기했는지 생각해야 한다. 이 세상에서 가장 측은한 사람은 가난한 사람이 아니다. 바로 꿈이 없는 사람이다. 꿈이 없다는 것은 어디를 향해 가는지 모른 채 그저 바다 한가운데에 떠다니는 삶과도 같다. 간절하게 이루고 싶은 꿈을 반드시 생각해야 한다. 꿈을 만든 후, 그 꿈을 이루고 싶다는 마음이 간절해질 때까지 반복해서 생각해야 한다. 시각화할 수 있는 것이라면 내 주변 보이는 곳곳에 다 붙여두는 것도 효과적이다. 간절한 마음과 함께 오직 공부를 통해 얻을 수 있다는 믿음을 가지면서 말이다. 믿음이 강하면 강할수록 공부를 포기하고 싶은 마음은 사라진다. 대신 그 자리에 공부를 하고 싶은 의욕이 넘쳐나게 된다. 그 의욕이 공부를 하는 원동력이 되고, 그 덕에 학년이 올라갈수록 당신의 성적이 오를 것이다.

공부를 포기하려고 하는 당신에게 한마디 더 하고 싶다. 지금 당신의 머릿속 공부에 대한 개념을 이렇게 바꿔보자. 공부를 '잘해야 된다.'고 생각하지 말고 '해보긴 해야 한다.'라고 말이다. 공부를 통해 얻을 수 있는 것은 무궁무진하다. 그중 한 가지가 단지 '성적 올리기' 일 뿐이다. 그 한

가지에만 집중하지 말고 다른 깨달음을 얻겠다는 마음가짐으로 바꿔야 한다. 당신이 공부를 포기하기에는 아직 너무 이르다.

핵심노트 ④ 이것만은 꼭 기억하자!

잘못된 공부법, 점검하고 또 점검하자

1. 새롭게 알게 된 내용을 제대로 확인하려면 최소 3~4일 뒤에 문제를 풀자

개념을 익힘과 동시에 바로 그와 관련된 문제를 풀면 안 된다. 바로 문제를 풀었을 때는 문제를 거의 다 맞힐 것이다. 하지만 바로 푼 문제는 내가 정확히 알아서 맞힌 것인지 파악할 수 없다. 이런 잘못된 공부가 반복되면 악순환이 반복된다. 일단 문제를 풀었기 때문에 내가 정확히 알고 있다는 착각을 하게 된다. 그리고 그 착각은 나로 하여금 그 개념을 복습하지 않고 바로 다음 개념을 공부하게끔 만든다. 이렇게 무심코 넘긴 개념이 계속 쌓이다 보면 시험을 볼 때마다 성적이 좋지 않게 나올 것이다.

2. 그룹 스터디를 하고 있는지 확인해보자

학창 시절, 특히 고등학생 시절 그룹 스터디는 독이다. 그룹 스터디를 하려면 최소 3~4명의 친구들이 모여야 한다. 모임을 위해 이동하는 시간이 일단 버려지는 시간이다. 그리고 함께 모여서 서로 공부했던 내용을 이야기할 것이다. 한 사람당 말하는 시간을 최소 2분으로만 잡아도 내

가 말하는 2분의 시간을 제외하고는 다 버려지는 시간이다.

주워 담아도 부족할 시간을 속절없이 낭비하고 있는 꼴이다. 학창 시절에는 굳이 이렇게 친구들과 모여서 스터디를 할 필요가 없다. 친구들의 역할을 내가 스스로 하면 되는 것이다. 나와의 속대화를 활용해서 혼자 공부를 하면 된다. 모임을 위해 이동하는 시간, 친구들의 이야기를 들어주는 시간, 다시 또 집으로 돌아가는 시간 등 이렇게 많은 시간을 아깝게 허비하지 말자.

3. 공부를 잘하는 친구와 자주 대화하자

성적을 올리고 싶다면 방법은 간단하다. 공부를 잘하는 친구들과 자주 어울리면 된다. 그리고 그 친구들을 자주 관찰하면 된다. 관찰을 통해 공부를 잘하는 친구의 공부법을 파악할 수 있다. 그리고 그것을 내 것으로 만들 수 있다. 공부를 잘하는 친구들의 주요 관심사는 '공부'다. 그래서 그 친구들은 주로 공부와 관련된 이야기를 많이 한다. 서로의 공부법에 대해 이야기하고, 잘 해결되지 않는 문제를 함께 해결해나간다. 공부를 잘하는 친구들과 자주 대화를 해야 나의 잘못된 공부법을 파악할 수 있다. 또한 그 친구들에게 나의 공부법을 이야기한 뒤, 무엇이 잘못됐는지 금방 깨달을 수 있다.

공부를 잘하는 친구들과 대화를 나누는 것은 매우 중요하다. 대화를 통해 그 친구들의 오랜 내공이 쌓인 공부법을 손쉽게 알 수 있기 때문이다. 공부를 할 때는 내 자존심을 버려야 한다. 내 자존심을 버려야 효과적인 공부법을 알 수 있다. 그리고 그 방법을 활용해서 나만의 공부를 할 수 있다. 그렇게 해야 학년이 올라갈수록 성적이 올라가는 것이다. 지금 당장 주변을 둘러보자. 그리고 공부를 잘하는 친구를 파악해라. 파악하는 것으로 끝나지 않고, 내일부터 당장 그 친구들과 함께 어울리는 것을 습관으로 만들어라.

“

성적을 올리고 싶으면
과목별 학습 전략을 실천해야 한다.
묻지도 따지지도 말고 그저 매일
반복하면 된다. 실천하면 되는 것이다.
‘새로운 공부법이 이제 내 것이 됐구나.’
라는 느낌이 들 때까지
반복해서 실천해야 한다.

”

나만의 공부 주도권을 잡아주는 공부의 기술

Chapter 3

1

혼공을 위해 준비해야 할 것들

교육은 우리 자신의 무지를 점차 발견해 가는 과정이다.
—윌 듀란트

당신은 혼공이라는 가방에 무엇을 담을 것인가?

지금 당신을 위한 혼공 가방이 마련되어 있다. 무엇이든 당신이 원하는 만큼 담을 수 있다. 가방에 모든 것을 담는 순간 이제 그 가방은 당신 것이 된다. 당신이 메고 가야 한다. 혼공의 여정이 끝날 때까지 말이다. 힘들고 지친다는 이유로 메고 있던 가방을 벗으면 안 된다. 벗는 순간 모든 것을 잃게 된다. 혼공 여정의 길 끝이 보일 때까지 포기하지 않고 걸어가야 한다. 마치 가방과 내가 한 몸인 것처럼 그렇게 그 길의 끝까지 걸어가야만 한다.

혼공을 준비한 당신에게 가방을 준다면 당신은 무엇을 담을 것인가?

이 책을 읽기 전 잠시 고민해보는 것도 좋을 것이다. 혼공을 위해 준비해야 할 것 중 가장 중요한 것은 견고한 마음이다. 갈대처럼 흔들리는 마음은 혼공을 위한 마음이 아니다. 강한 바람도 거뜬히 견뎌낼 수 있는 마음을 길러야 한다. 각자에게 주어진 혼공의 거리는 다르다. 그래서 나의 여정이 빨리 끝날 수도 있고, 더디게 갈 수도 있다.

하지만 괜찮다. 우리는 혼공의 숨은 핵심을 알고 있기 때문이다. 더디게 가는 만큼 더 많은 보석을 찾을 수 있다. 그 보석은 어제의 나를 뛰어넘게 한다. 새로운 나로 탄생할 기회를 제공한다. 혼공의 여정은 중간에 어떤 길이 나올지 모른다. 오직 나의 선택만이 답이다. 하지만 안심해도 된다. 잘못된 길은 하나도 없다. 각자의 길마다 나에게 많은 의미를 안겨주기 때문이다. 조금 더 힘든 길일수록 나에게는 더 큰 축복이 기다리고 있다. 그러니 앞으로 닥칠 험난한 혼공의 여정을 위해 행복한 여행이 될 것이라는 마음의 주문을 걸어야 한다.

"속도를 줄이고 인생을 즐겨라. 너무 빨리 가다 보면 놓치는 것은 주위 경관뿐이 아니다. 어디로 왜 가는지도 모르게 된다."라는 애디 캔터의 유명한 명언이 있다. 물도 급하게 마시면 체하는 법이다. 혼공의 여정은 거북이가 걸어가듯 그렇게 천천히 가는 것이다. 그래야만 내가 어디를 향해 가고 있는지 생각할 수 있다. 목적지를 생각함과 동시에 혼공 여행 속

숨겨진 보석을 발견할 수 있는 것이다. 주위 경관을 바라볼 수 있는 마음의 힘은 반드시 중요하다.

마음가짐이 준비됐다면 이제 혼공 여정에 필요한 물건을 준비해야 한다. 무엇이든 기본이 가장 중요하다. 기초 공사를 탄탄하게 해놓지 않으면 한순간 무너지게 된다. 우리는 한 여름, 나무에 매달려 힘차게 울고 있는 매미를 발견한다. 온 열정을 다해 울어대는 매미는 귀가 따갑도록 자신의 존재를 알린다. 이 뜨거운 울음소리를 위해 매미는 애벌레의 삶으로 땅속에서 무려 7년이라는 시간을 버티며 살았다. 매미는 7년 동안 기초 공사를 탄탄히 해놓는 것이다. 그렇게 성충이 되고 매미에게는 결전의 그날이 왔다.

뜨거운 여름, 작열하는 햇빛을 받으며 매미는 자신의 존재를 알린다. 자신이 세상에 나왔음을, 긴 여정의 마무리를 향해 가는 신호를 울음으로 표현한다. 그렇게 한 달 동안 자신의 존재를 알리고, 자신의 길 끝에 다다른 순간 매미는 영원히 잠든다. 매미의 애벌레 삶은 마치 우리에게 주어진 혼공의 길과도 같다. 매미에게 주어진 한 달이라는 시간은 우리의 성적이다. 그러니 성적을 위한 기초 공사는 매미의 7년 동안의 시간처럼 반드시 탄탄해야 한다. 견고하고 단단할수록 좋다.

기초 공사에 필요한 물건은 교과서, 참고서, 문제집이다. 모두 교과별로 한 권씩이면 충분하다. 책이 많이 쌓이면 쌓일수록 오히려 기초 공사를 튼튼하게 하는 데 방해가 된다. 어떤 재료를 어디에 어떻게 써야 할지 헷갈리기 때문이다. 참고서, 문제집을 택할 때는 내 공부법을 생각하면서 선택해야 한다. 예를 들어 당신이 글을 읽을 때 글의 내용을 빨리 이해하지 못한다면 예시가 많이 들어간 참고서가 많은 도움이 된다. 혹은 간단명료한 것을 선호한다면 짧고 간결하게 적힌 내용의 책이 자신의 공부법에 맞는 책이다. 이렇게 자기 자신의 성향을 정확히 파악한 후 신중하게 책을 선택하면 된다.

혼공 여정에 필요한 장비에는 무엇이 있을까?

기초 공사에 필요한 책이 마련됐다면 이제 장비를 준비해야 한다. 혼공 여정을 선택한 우리에게 필요한 장비는 샤프, 형형색색의 펜이다. 형광펜도 좋다. 이 장비를 잘 갖춰야만 기초 공사를 제대로 할 수 있다. 그래야만 중간중간 예기치 못한 상황이 생겨도 보수 작업을 원활하게 할 수 있기 때문이다. 내가 선택한 각 교과의 책을 최소 열 번은 보겠다는 마음으로 준비해야 한다.

나는 항상 도서관에 도착하면 제일 먼저 했던 행동이 있다. 바로 필통 속에 담긴 샤프와 볼펜을 꺼내는 것이다. 샤프 한 자루, 볼펜 5개를 꺼내면 나는 그 볼펜 5개를 다 사용할 때까지 집에 가지 않았다. 참고서에 5번의 밑줄이 그어질 때까지 포기하지 않았다. 이 작업을 반복해야 기초 공사를 완벽하게 진행할 수 있다는 것을 알고 있었기 때문이다.

하지만 기초 공사를 진행하다 보면 가끔 막힐 때가 있다. 그것을 해결하기 위해 열정을 다해 애쓰지만, 뜻대로 풀리지 않는다. 이런 경우는 혼공의 여정을 포기해야 할까? 그렇지 않다. 혼공 여행을 떠나기 전 당신의 가방에 멘토를 함께 넣으면 된다. 혼공을 할 때 멘토의 역할은 정말 중요하다. 긴 여정을 떠나는 우리에게는 마치 사막의 오아시스 같은 존재다. 목이 마를 때 오아시스처럼 달콤한 물을 제공하는 존재다.

혼공을 시작하기 전에는 반드시 과목별로 멘토를 정해놔야 한다. 여정을 선택한 그 순간 바로 생각해야만 한다. 여정의 중간에 찾으려고 하면 안 된다. 그렇게 되면 힘들게 지났던 길을 다시 돌아가야만 하는 불상사가 발생할 수 있다. 먼저 과목이라는 숲을 보며 멘토를 정한다. 그 후 과목마다 들어 있는 나무를 찾아서 그 나무에 알맞은 멘토를 정하면 되는 것이다. 숲은 많은 나무가 모여 이뤄진다. 하나의 나무만이 존재하지 않는다. 즉, 많은 나무가 크게 자라면 자랄수록 나의 숲도 그만큼 커지게 되는 것이다.

나 역시 처음 혼공을 시작할 때 멘토가 없는 것이 제일 힘들었다. 풀리지 않는 문제로 5일 동안 고민하기도 했다. 고민한 만큼 앞으로 나가지 못했다. 결국, 나는 혼공 여정을 가던 도중 멘토를 찾기 위해 노력했다. 그래서 좀 더 시간이 오래 걸렸다. 하지만 멘토를 찾고 난 후, 내 혼공의 여정이 달라졌다. 멘토가 있기 전 온통 진흙밭이었던 길이 멘토를 만나고 난 후 매끈한 도로처럼 변했다. 중간중간 큰 돌멩이가 내 길을 막으면 멘토가 그 돌멩이를 치우는 방법을 알려줬다. 그렇게 해서 나는 내 혼공의 여정을 멋지게 마무리할 수 있었다. 만일 당신 또한 혼공 멘토가 필요하다면 내가 그 역할을 해주겠다. 해결되지 않는 문제가 있다면 적극적으로 나에게 연락하거나 내 카페를 활용하라. 그리고 나에게 언제든지 질문하라. 나 역시 당신의 멘토가 되어 많은 도움을 줄 수 있으니 말이다.

혼공의 장소와 상황을 다양하게 연출하자

이제 마지막으로 필요한 것은 적응력이다. 혼공은 절대 편안한 길이 아니다. 예상치 못한 상황이 자주 발생한다. 조용했던 길이 시끄러운 소리에 노출될 수 있다. 따뜻했던 날씨가 갑자기 추워질 수 있다. 이런 상황이 발생할 때마다 그 상황에 알맞게 나 자신을 변신시켜야만 한다. 바로 적응할 수 있는 적응력을 키우는 것이다.

즉 혼공의 장소와 상황을 다양하게 만들어야 한다. 늘 조용한 분위기, 편안한 곳에서만 공부하면 새로운 환경에 노출됐을 때 당황하게 된다. 시끄러운 공간, 처음으로 간 낯선 장소 등 다양한 곳에서 혼공을 해야 한다. 수능 시험장은 나에게 익숙한 집, 도서관, 교실이 아니다. 낯선 학교에 도착한 후 낯선 교실에 들어가야만 한다. 그곳이 바로 나의 혼공 마지막 도착지다. 만일 이 적응 훈련을 철저히 하지 않았다면 그 낯선 분위기에 압도당한다. 압도당한 순간, 혼공 가방을 제대로 열어보지도 못한 체 그 자리에 주저앉는 꼴이 되고 만다. 즉, 그동안 노력했던 것이 한순간 물거품처럼 변한 꼴이다. 혼공의 결실은 마지막 도착지에서 환하게 웃고 있을 나를 따뜻하게 안아주는 것이다. 그 안아줌은 바로 1등급이라는 성적이다. 그러므로 다양한 상황에도 당황하지 않고 적응할 수 있는 나를 만들어야 한다.

이제 당신은 당신의 혼공 가방에 필요한 것을 모두 다 담았다. 흘러내리지 않게 꼭 싸맨 후, 한 걸음 내디디면 된다. 여정의 출발지에 한 발 내딛는 순간 당신은 이미 절반은 성공한 것이다. 혼공의 여정은 즐겁다. 혼공 도착지에 도착하는 순간 출발지를 향했던 당신의 모습은 이제 없을 것이다. 매미의 울부짖음처럼 새롭게 태어날 당신을 보게 될 것이다. 그리고 강렬한 울부짖음으로 당신의 찬란함을 모두에게 알릴 것이다.

2

공부한 시간보다 중요한 것은 효율적인 전략이다

불행을 극복하는 유일한 방법은 더욱 열심히 노력하는 것이다.
–헨리 골든

제갈량의 '공성계' 같은 공부 전략이 필요하다

'제갈량의 공성계(功成計)'를 들어본 적이 있는가? 공성계는 군사가 없는 빈 성의 문을 열어젖혀 적을 혼란에 빠트리게 한 후, 결국 후퇴하게 만드는 전략이다. 당시 제갈량이 주둔하고 있는 성에는 약하고 상처를 입은 병사들만이 남아 있었다. 위나라 사마의는 20만 명의 대군을 이끌고 제갈량이 주둔한 성을 향했다. 누가 봐도 위나라 사마의가 이기는 전쟁이었다. 하지만 제갈량은 번뜩이는 전략으로 위기를 모면했다.

제갈량은 군사들을 백성으로 꾸몄다. 그리고 성문을 활짝 열어둔 채 청소를 하게 만들었다. 그런 후, 그는 성 밖에서 눈에 제일 잘 띄는 성루의 난간에 앉아 미소를 지으며 여유롭게 거문고를 연주했다. 사마의는 그 모습을 보고 의아했다. 대군이 몰려와도 아무 일 없다는 듯이 청소를 하며 거문고 연주를 하는 모습을 보고 복병이 있을 거라고 착각했다. 그렇게 사마의는 군사를 거두고 후퇴해버렸다.

제갈량의 번뜩이는 전략은 위나라 20만 명의 대군을 그렇게 손쉽게 보낼 수 있었다. 이처럼 전략은 매우 중요하다. 제갈량처럼 손 하나 까딱하지 않고도 많은 대군을 한 번에 보낼 수 있기 때문이다. 공부할 때 역시 마찬가지다. 효율적인 전략을 짜지 않으면 내 생각과 달리 공부 방향이 엉뚱한 방향으로 흘러갈 수 있다. 배가 바다로 가야 하는데 산으로 가는 격이다. 이렇게 되면 공부가 무척 힘들어진다.

노를 저으며 쉽게 앞으로 나가야 할 배가 산을 오르기는 무척 힘들다. 아무리 많은 노를 준비한다고 해도 산에 올라갈 수는 없다. 그러므로 배가 바다를 향하게 하려면 적절한 전략이 필요하다. 훌륭한 전략은 공부하는 시간을 아낄 수 있다. 또한 '성적 올리기'라는 목표를 쉽게 성취하게끔 도와준다. 이제부터 우리가 공부 제갈량이 돼서 멋진 전략을 짜보자.

공부할 때 가장 중요한 첫 번째 전략은 '교과 시간 분배' 전략이다. 교과 공부 시간을 잘 나눠야 한다. 내가 좋아하고 잘하는 과목에 많은 시간을 투자하면 이것은 결코 훌륭한 전략이 아니다. 힘들고 어려운 교과에 더 많은 시간을 쏟아야 한다. 우리가 시간 들여 공부하는 이유는 성적을 올리기 위해서다. 하지만 잘하는 교과만 집중하면 그 과목만 계속 잘하게 된다. 모든 교과를 균형 있게 공부해야 학년이 올라갈수록 성적이 올라간다.

나 역시 혼공을 제대로 하기 전까지 내가 좋아하는 교과만 공부했다. 나는 주로 외국어 공부를 많이 했다. 영어 단어를 외우거나 영어 문제집을 풀었다. 나는 매일 이 행동을 반복했다. 그랬더니 '외국어만 공부하기'가 하나의 공부 습관이 돼버린 것이다. 제일 부족한 수학 교과를 공부해야 하는데 나는 점점 수학을 멀리하게 됐다. 어떤 날은 수학 교과를 전혀 공부하지 않은 날도 있었다.

덕분에 외국어 영역 등급은 조금씩 올라가는데 다른 교과 등급은 제자리걸음이거나 오히려 떨어지고 있는 과목이 생겼다. 그래서 대학교 자퇴를 하고 난 뒤 나는 효율적인 전략을 짜야만 했다. 나는 교과 시간 분배 전략을 생각한 후, 가장 먼저 부족한 교과에 많은 시간을 할애했다.

나는 혼자 공부를 할 때 하루에 최소 13시간 공부하기를 목표로 삼았다. 가장 실력이 부족한 수학은 5시간을 투자했다. 그 후 사탐 4과목을 1시간씩 정해 총 4시간을 사탐 공부에 투자했다. 언어와 외국어는 각각 2시간씩 총 13시간의 하루 공부 시간을 만들었다. 하지만 여기서 끝나면 안 된다. 좀 더 세부적인 전략을 짜야 한다.

이렇게 과목별 시간을 나누고 난 후, 과목 안에 있는 부분별로 구체적인 시간을 다시 분배하는 것이다. 내가 고등학생인 시절 국어 영역(당시 언어영역)은 '비문학, 문학, 쓰기, 듣기' 이렇게 총 4부분으로 구성됐다. 나의 부족한 부분이 어떤 부분인지 파악하는 방법은 간단하다. 오답 노트를 활용하면 된다. 4부분으로 나뉜 국어 영역 오답 노트를 4권 준비하면 된다.

모의고사 형식의 문제집을 풀거나 학교 시험을 보고 난 후, 부분별로 틀린 문제를 공책에 정리한다. 차곡차곡 정리하다 보면 유독 금방 채워지는 공책이 있다. 바로 그 공책이 내가 부족한 부분이다. 국어 교과의 구멍이 총 4개라면 유독 크게 구멍 난 부분을 잘 메꿔야 한다. 그래야 구멍을 완벽히 막을 수 있다. 즉, 국어 영역을 2시간 공부하기로 마음먹었다면 크게 구멍 난 부분에 좀 더 많은 시간을 쏟으면 되는 것이다. 이게 바로 효율적인 전략이다.

기본 개념을 완벽히 익힌 후 문제집을 풀자

두 번째 전략은 '내가 정한 한 권의 기본서를 최소 열 번 이상 보기' 전략이다. '독서백편의자현(讀書百遍義自見)'이라는 말이 있다. 이 말의 뜻은 '뜻을 모르는 글도 백 번 이상을 읽으면 그 뜻을 알게 된다.'라는 말이다. 조선 제 22대 왕인 정조는 신하들의 학문을 수시로 점검했다. 하루는 관청에 머물던 아전이 다산 정약용에게 다가왔다. 그리고 내일 정조가 논어의 어느 부분을 물어볼지를 정약용에게 미리 알려줬다.

정약용은 아전이 알려준 부분만 공부했을까? 아니다. 개의치 않고 『논어』의 모든 부분을 통째로 다 외웠다. 백 번 이상을 본 것이다. 다음 날이 됐다. 아전에게 정보를 들은 다른 신하들은 그 부분만을 공부했다. 하지만 정조는 갑자기 마음이 바뀌었다며 『논어』의 다른 부분을 신하들에게 물었다. 다른 신하들은 답하지 못했다. 반면 정약용은 백 번 이상을 공부했기 때문에 쉽게 대답할 수 있었다. 이게 바로 열 번 이상 보기 전략이다.

기본서의 모든 내용을 아는 것은 무척 중요하다. 최소 열 번 이상은 봐야 이해가 된다. 완전히 내 것으로 만들려면 정약용처럼 백 번 이상은 봐야 한다. 우리는 내가 개념을 얼마나 알고 있는지를 시험을 통해 확인한다. 그리고 시험의 최종 목적지는 수능이다. 내신 점수는 수업 시간에 선생님께서 콕 집어준 곳을 중점으로 보면 성적을 올릴 수 있다.

하지만 수능에도 그 문제가 나온다는 보장은 없다. 그러니 교과서와 참고서 안에 있는 모든 내용이 다 수능 문제라는 마음으로 공부를 해야 한다. 모든 내용을 한 번에 외우는 것은 한계다. 설령 외웠다고 해도 반복해서 보지 않으면 다시 내 머릿속에서 흩어져버린다. 오직 반복만이 살길이다. 꾸준히 반복해서 읽다 보면 읽는 속도가 빨라지는 것을 느낄 것이다. 읽는 속도가 빨라지는 만큼 내 머릿속에 들어오는 개념은 많아진다. 그러니 참고서를 볼 때는 내가 들고 있는 참고서를 최소 열 번은 본다는 마음가짐으로 공부해야 한다.

세 번째 전략은 '개념을 익히고 난 뒤 최소 3~4일 후에 문제 풀기' 전략이다. 개념을 익히고 나서 바로 관련 문제를 풀면 거의 다 맞는다. 마치 내가 그 개념을 다 파악한 것 같은 착각이 든다. 그래서 다시 복습할 생각을 하지 않고 다음 진도를 나간다. 그렇게 일주일이 지났다. 처음 공부했던 개념을 보면 모든 문제가 다 풀릴까? 절대 그렇지 않다. 헷갈리고 또 헷갈릴 것이다.

분명 다 외웠다고 생각했는데 문제를 왜 틀리는 걸까? 일주일이라는 시간이 지났기 때문이다. 만일 당신에게 처음 본 5개의 숫자를 그 자리에서 바로 말하라고 하면 당신은 말할 수 있을 것이다. 5개의 숫자가 당신의 단기기억에 저장됐기 때문이다. 하지만 그 숫자를 반복해서 보지 않고 일주일 후에 말하라고 하면 당신은 말할 수 있을까? 아마 가물가물할 것이다. 대답한다고 해도 거의 찍기 수준일 것이다. 이처럼 개념을 장기기억에 저장하는 것은 매우 중요하다. 장기기억에 저장하려면 반복만이 살길이다. 그러니 개념을 익히고 나면, 꾸준히 반복해서 공부해야 한다. 정약용처럼 어느 부분을 물어봐도 대답할 수 있을 정도로 복습해야 하는 것이다. 그런 후, 개념이 내 것이 됐다고 느껴진다면 최소 3~4일 후에 문제를 풀도록 한다.

이제 마지막 전략은 '보상 주기' 전략이다. 열심히 공부한 나를 보상해주는 것이다. 채찍질만 하지 말고 가끔씩 당근도 줘야 한다. 그래야 수능의 긴 여정을 버틸 수 있다. 내가 혼공의 여정을 걸어갈 때, 나는 매주 토요일 〈무한 도전〉이라는 보상을 내게 선물했다. 나는 〈무한 도전〉 프로를 정말 사랑했다. 내게 혼공을 지속하게 만든 원동력이었다. 매주 토요일을 바라보며 공부했다. 토요일은 아침부터 즐거웠다. 몇 시간 후면 〈무한 도전〉을 볼 수 있기 때문이다. 이렇게 나처럼 혼자 공부를 지속할 수 있는 보상 한 가지를 머릿속으로 생각해야 한다. 내게 한 번씩 보상을 주면 그 보상 덕에 많은 에너지를 얻고 그렇게 또 그 다음 혼공을 이어갈 수 있는 것이다.

사공이 많으면 배가 산으로 간다. 어리석은 전략은 우리가 탄 배를 산으로 인도한다. 하지만 우리는 세 가지의 현명한 전략을 알고 있다. 그리고 우리가 탄 배는 훌륭한 세 명의 전략가들만 탔다. 그러니 걱정할 필요가 전혀 없다. 전략가의 손에 잡힌 노는 우리를 올바른 방향으로 인도할 것이다. 이제 다 같이 힘차게 노를 저어보자. 당신이 올리고 싶은 성적만큼 말이다.

3

갑자기 성적이 올라간 친구와 친해져라

어두운 길을 걷다가 빛나는 별 하나 없다고 절망하지 말아라.
가장 빛나는 별은 아직 도달하지 않았다.
–박노해

공부를 잘하는 친구에는 두 부류가 있다

"자, 고등학교 1학년 1학기, 마지막 기말고사 점수에요. 이름 부르면 성적표 받아 가세요."

드디어 디데이다. 나는 정말 최선을 다해 공부했다. 성적표가 나오는 날을 손꼽아 기다렸다. 선생님의 부름에 나는 가슴이 두근거렸다.

"오지영. 뭐야? 3등이야? 오지영 이번에 3등 했어?"
"와, 오지영 대박. 지영이가 이번에 3등 했대."

주변 친구들의 웅성거리는 소리가 들린다. 반 배치고사 전교 250등, 중간고사 18등이었던 내가 이제는 반에서 3등이다. 하지만 쉬는 시간, 갑자기 담임 선생님께서 나를 불렀다.

"지영아, 너 이번에 커닝했냐? 네가 갑자기 어떻게 3등이 되냐?"

질문을 듣는 순간 기분이 나빴다. 주먹을 불끈 쥐었다. 나만의 달콤한 잠을 포기하며 안간힘을 쓰고 만든 등수였다. 2시간만 자고 공부했던 그 처절한 과정을 담임 선생님은 모를 것이다. 알았다면 이렇게 나를 따로 불러내 이처럼 기분 나쁜 질문을 하지 않았을 것이니 말이다. 선생님은 단지 나를 '뜬금없이 성적이 올라간 학생'으로만 판단하고 있었다. 그 뒤로 친구들 역시 나를 이렇게 불렀다. "갑자기 공부를 잘하게 된 친구."

공부를 잘하는 친구는 크게 두 부류가 있다. 첫 번째 부류는 어렸을 때부터 공부를 잘했던 경우다. 이 친구는 아마 어렸을 적부터 공부가 습관이 됐을 것이다. 그래서 공부가 그 친구 삶의 일상이 됐다. 이런 친구에게 갑자기 공부하게 된 계기를 묻는다면 내가 정말로 듣고 싶었던 대답을 듣지 못할 수 있다. 당신은 이미 이 친구를 '원래부터 공부 잘하게 태어난 친구'라는 선입견을 갖고 바라보기 때문이다.

두 번째 부류는 갑자기 성적이 올라간 친구다. 우리가 주목해야 할 친구는 바로 두 번째 부류다. 이 친구는 어떤 간절함을 계기로 독기를 품고 공부했을 것이다. 이 친구에게는 배울 점이 많다. 모든 것을 다 배워야 한다. 하나도 버릴 것이 없다. 왜냐하면, 이 친구가 이렇게 성적을 올리기까지 많은 과정이 담겨 있기 때문이다. 학년이 올라갈수록 성적을 올리고 싶으면 이 친구들과 친해져야 한다.

『빨간머리 앤』이라는 동화를 한번쯤 들어본 적이 있을 것이다. 빨간머리 앤은 세상에서 제일 친한 친구가 있었다. 바로 다이애나다. 앤은 다이애나가 없으면 울적할 정도로 다이애나를 좋아했다. 둘은 자작나무 숲길을 항상 함께 걸었다. 어느 날 앤은 다이애나와 이별을 해야만 했다. 온통 세상의 중심이 다이애나로 돌아갔던 앤에게 갑자기 마음의 커다란 구멍이 생긴 것이다. 앤은 그 구멍을 채우기 위해 고민했다. 앤은 구멍 난 마음에 공부를 채우겠다고 다짐했다. 그렇게 앤은 공부를 해야겠다고 마음먹었지만 제대로 된 공부법을 몰랐다. 하지만 앤은 그렇다고 앞서 소개한 첫 번째 부류의 친구들에게 공부법을 물어보지 않았다.

동화책을 보면 앤은 이렇게 말한다. “모범생은 재미가 없어요. 상상력이나 활기가 전혀 없어요. 그저 무덤덤하고 굼뜬데다 재미라고는 모르는 애에요.”라고 말이다. 당신 역시 첫 번째 부류의 친구들을 앤과 같은 편견을 갖고 바라볼 것이다. 그렇기 때문에 당신이 그 친구들과 가깝게 지낸다고 해도 공부 비결을 배우고 싶다는 강한 동기 부여가 생기지 않을 것이다.

앤은 모범생이 돼야겠다고 생각했지만, 당신과 같은 편견의 눈으로 첫 번째 부류의 친구를 바라봤다. 그래서 그 친구들에게 어떻게 해서 공부를 잘하게 됐는지 묻지 않았다. 모범생이 되고 싶지만 그들과는 다른 부류가 되고 싶었던 것이다. 그런 마음을 지닌 앤에게 갑자기 같은 반 남학생 길버트 블라이스가 눈에 들어왔다. 길버트는 앤에게 심한 장난을 치는 남학생이었다.

앤은 자신을 자꾸 놀리는 길버트에게 라이벌 의식을 느꼈다. 그래서 모든 것에 지고 싶지 않다는 간절한 목표가 생겼다. 그 후 앤은 길버트를 공부로 이겨야겠다고 생각하며 밤을 새며 공부했다. 앤은 어떻게든 길버트를 이기고 싶었다. 아마 공부를 열심히 하지 않았던 앤은 기초가 부족했을 것이다. 그래서 더 독기를 품고 최선을 다해 공부했을 것이다. 그리고 그 과정 중 효과적인 공부법, 탁월한 공부 전략을 깨달았을 것이다. 잠과 바꾼 공부, 효과적인 공부법, 탁월한 공부 전략을 활용해서 앤은 길버트를 이기고 공부로 1등을 했다.

갑자기 성적이 올라간 친구의 모든 것에 주목하라

앤은 두 번째 부류의 친구다. 우리가 주목해야 할 친구가 바로 앤과 같은 친구다. 평범하다고 생각했던 친구가 어느 날 갑자기 성적이 올랐다?

그럼 여러분 내면에 이런 속대화가 들릴 것이다. '뭐야? 재 공부 못했는데 왜 갑자기 성적이 올랐지?'라고 말이다. 성적을 올리고 싶은 당신이라면 그 친구에게 호기심이 생기고, 어떻게 성적을 올렸는지 그 비결을 알고 싶을 것이다. 바로 이런 속대화가 나에게는 '저 친구의 공부비결을 배우고 싶다.'라는 강한 동기 부여를 일으키는 것이다.

공부를 포기하려고 했던 마음에서 다시 공부하고 싶다는 열정이 샘솟을 것이다. 특히 나와 비슷한 성적을 유지했던 친구의 성적이 갑자기 올라갔다면 내면의 공부 열정이 폭발하듯 일어날 것이다. 나도 모르게 오기가 발동하고 저 친구보다 내 성적을 더 올리고 싶다는 열망이 생길 것이다. 그리고 바로 이런 내면의 소리가 들릴 것이다. '반드시 저 친구와 친해져서 어떻게 성적을 올렸는지 알아내야겠다!'라는 외침의 소리가 내 귓가에 들릴 것이다. 실제로 나와 비슷한 점수를 유지했던 친구의 성적이 올라가면 나에게 큰 자극이 된다.

갑자기 성적이 올라간 친구와 친해지면 많은 것을 배울 수 있다. 그 친구를 옆에서 꾸준히 관찰하는 것도 많은 도움이 된다. 친구의 공부법과 나의 공부법을 비교할 수 있기 때문이다. 일단 나에게는 '저 친구의 공부법을 배워야겠다.'라는 강한 동기 부여가 촉진제로 들어온다. 그 촉진제가 내 촉각을 세우게 만들고, 그 친구가 어떻게 공부를 하는지 오감을 활용해서 보고 느끼게 만들 것이다.

강한 동기 부여는 정말 중요하다. 특히 성적을 올리고 싶지만 성적이 자꾸 제자리걸음이거나 떨어지고 있는 경우는 더욱 그렇다. 강한 동기 부여가 없으면 슬럼프에 빠져 공부를 포기하게 될 수도 있다. 나와 비슷한 성적을 유지했던 친구가 갑자기 공부를 잘하게 되면 내게는 그것만큼 좋은 동기 부여가 없다. 밥을 사주고 간식을 사주면서라도 친해져야 한다. 그리고 어떻게 해서 성적을 올리게 됐는지 반드시 알아내야만 한다.

그 친구와 친해지는 순간 나는 소중한 시간을 아낀 것이다. 혼자서 공부하며 성적을 올리는 공부법을 터득하려면 시간이 꽤 오래 걸린다. 그나마 시간이 걸려서라도 터득했다면 다행이다. 터득하지 못하고 시간만 낭비하는 경우도 있기 때문이다. 그렇게 되면 혼자서 속앓이를 해도 해결책을 찾기가 무척 어렵다. 하지만 이 친구와 친해졌다면? 그 순간 바로 해결책을 찾은 것이다. 공부법을 찾기 위해 애쓰고 고민할 필요가 없다는 것이다. 친해지는 순간 공부 대화를 자주 하게 되면 나도 모르게 그 친구가 터득한 공부법을 알게 된다. 친구가 몇 달, 아니 몇 년에 걸쳐 터득한 그 공부법을 난 단지 몇 분의 대화로 내 것으로 만들 수 있는 것이다.

갑자기 성적이 올라간 친구를 시기 질투해서는 안 된다. 두 번째 부류의 친구는 내 삶을 성장시켜줄 수 있는 귀인이다. 가뭄에 단비 같은 존재다. 단비를 부정적으로 받아들이면 안 된다. 그러므로 당장 당신 주변에 빨간 머리 앤과 같은 친구가 있는지 살펴보기 바란다. 찾게 되면 그 즉시 앤을 직접 만나 어떻게 공부했고, 어떤 시련을 거쳤는지 듣고 또 들어야 한다. 앤의 말을 듣는 순간, 당신의 성적은 학년이 올라갈수록 반드시 오를 것이다.

4

부족한 공부, 실속 있게 인강으로 해결하자

학문에는 왕도가 없다.
– 유클리드

인강은 혼공의 멘토다

2006년 9월 어느 날, 저녁 7시. 나는 급하게 가방을 쌌다. 집에 빨리 가야 했다. 저녁 8시까지 이어지는 도서관 혼공을 오늘은 1시간 더 일찍 끝냈다. 부리나케 가방을 싸고 집으로 향했다. 1시간 일찍 서두른 이유가 있다. 바로 내가 인터넷 강의 '윤리와 사상' 이벤트에 당첨된 것이다. 놀라웠다. 내가 이벤트에 당첨되다니! 나는 혼공을 하며 사탐 인터넷 강의를 수강했다. 도움을 받을 멘토가 필요했기 때문이다. 내게는 사탐 멘토가 없었다. 어떻게든 찾아내야했다. 그 결과 내가 선택한 것은 인강이었다.

어느 날, '윤리와 사상' 인강 선생님께서 흥미로운 이벤트를 열었다.

"딱 6명만 뽑습니다. 저녁 7시 30분부터 1시간 동안 모르는 문제를 물어보면 그 문제를 답하는 시간을 갖겠습니다."

나는 결코 놓치고 싶지 않았다. 그동안 쌓아놨던 모든 궁금증을 다 해결하고 싶었다. 이벤트에 당첨되기 위해 절실하게 글을 남겼다. 그리고 당일 아침, 도서관에 가기 전 나는 핸드폰을 챙겼다. 혼공을 할 때 나는 핸드폰을 들고 가지 않았다. 핸드폰은 내게 사치였다. 하지만 그 날은 꼭 가져가야만 했다. 내가 이벤트에 당첨될 수도 있기 때문이다. 공부를 하면서 자꾸 핸드폰을 들여다보게 됐다. 그러다 점심을 먹고 나니, 핸드폰에 문자 메시지가 들어왔다.

"축하합니다. 이벤트 당첨되셨습니다. 7시 30분까지 로그인하시면 선생님과 연결할 수 있는 창을 띄워주겠습니다."

당첨됐다. 속으로 쾌재를 불렀다. 조용히 공부하고 있는 주변 사람들의 눈치를 살피며 나는 나만 알 수 있게 행복한 미소를 지었다. 그날 나는 그동안 궁금했던 모든 문제를 그 이벤트를 통해 해결할 수 있었다. 그리고 그 이벤트 덕에 나는 수능, 윤리와 사상에서 1등급을 받을 수 있었다. 만점이었다.

혼공을 하면 이해가 되지 않는 개념이 생긴다. 혹은 쉽게 풀리지 않는 문제도 있다. 혼자서 계속 고민해도 해결책이 없다. 이럴 때는 물어볼 사람이 없다는 게 정말 답답하다. 혼공을 할 때는 멘토의 역할이 정말 중요하다. 내가 애써서 고민했던 문제를 멘토에게 말하면 단 몇 분 만에 해결할 수 있기 때문이다. 너무 순식간에 해결돼서 며칠을 고민한 내 모습이 허망할 때도 있다. 그만큼 혼공에 있어서 멘토는 선택이 아닌 필수다. 만일 혼자 공부를 시작했는데 주변에 멘토가 없다면 인강의 도움을 받는 게 좋다.

하지만 그렇다고 해서, 생각 없이 인강을 신청해서는 안 된다. 멘토는 말 그대로 나에게 도움을 주는 존재다. 즉, 나의 공부 성향과 맞는 선생님을 찾아야만 한다. 그러니 내가 듣고자 하는 과목의 모든 인강 샘플은 다 들어봐야 한다. 샘플 강의를 듣는 시간이 아깝다고 생각해서는 절대 안 된다. 1년 동안 믿고 의지할 내 멘토를 찾는 작업이기 때문이다.

대충하게 되면 다시 또 멘토를 찾아야 하고, 그렇게 되면 또 이 절차를 거쳐야 한다. 그러므로 시간이 오래 걸리더라도 처음부터 제대로 하고 가야 한다. 그래야 내 혼공 1년의 시간이 편해진다. 이렇게 나의 멘토를 제대로 잘 찾으면 인강을 들을 때 놀랄 것이다. 그 선생님의 설명이 귀에 쏙쏙 들어오고, 그 선생님의 설명이 이해가 잘 되기 때문이다.

12:3이라는 인강 규칙을 지키자

멘토를 찾았으면 이제 우리는 실속 있게 인강을 들어야 한다. 인강을 들을 때는 나의 혼자 공부량보다 인강을 듣는 시간이 더 많아서는 안 된다. 나는 12:3이라는 나만의 규칙을 만들었다. 내가 12시간을 혼자 공부하면 3시간은 인강을 듣는 시간으로 썼다. 이 규칙을 지키기 위해 노력했다. 혼자 공부하는 시간보다 인강을 듣는 시간이 더 많으면 복습을 제대로 할 수가 없다. 인강은 복습이 매우 중요하다.

인강은 선생님이 다른 학생들과 수업한 내용을 카메라에 담아 영상을 인터넷에 올려놓는 것이다. 그렇기 때문에 그 선생님의 말 한마디 한마디에 귀기울여야 한다. 하나라도 놓쳐서는 안 된다. 복습을 제대로 했으면 그 선생님의 한마디 한마디가 다 귀에 들릴 것이다. 그럼 선생님의 설명을 하나도 놓치지 않고 정리하고 메모할 수 있다. 하지만 복습 없는 다음 진도는 모든 내용이 귀에 들리지 않는다. 귀에 들리지 않으니 나도 모르게 중요한 정보를 흘려버릴 수 있다. 그러니 인강을 들을 때는 학원을 다닐 때보다 더 집중해서 들어야 하고, 더 집중해서 메모해야 한다.

처음 인강을 들을 때는 1배속으로 들어야 한다. 시간이 아깝다고 배속을 빨리 하면 안 된다. 1배속으로 천천히 들으면서 모든 내용을 전부 다 정리하겠다는 마음으로 들어야 한다. 그리고 12:3의 규칙을 잘 지키며, 혼자서 공부하는 시간에 인강으로 들었던 내용을 반복해서 복습한다. 외우지 못하면, 최소 10번은 반복해서 읽어야 한다. 10번을 읽지 않고 다음 진도를 나가면 안 된다.

10번을 다 읽었다고 생각하면 똑같은 강의를 1.5배속으로 들어본다. 1.6배속도 괜찮다. 이번에는 눈으로 보지 않고 귀로만 강의를 듣는다. 이 작업은 매우 중요하다. 내가 복습을 제대로 했으면 선생님의 말 속도가 빨라졌어도 모든 내용이 이해될 것이다. 하지만 제대로 복습을 하지 않았으면 중간중간 막히는 부분이 생긴다. 이럴 때는 미리 준비해둔 포스트잇이나 메모지에 이해가 잘 안 되는 부분을 키워드 중심으로 적는다.

한 강의가 끝날 때까지 그렇게 적는다. 적고 난 후, 내가 적었던 키워드를 살피며 해당하는 부분의 개념을 찾아서 다시 복습한다. 이렇게 한 뒤 다음 진도를 나가야만 한다. '티끌 모아 태산'이라고 티끌처럼 생각한 부분이 쌓이면 태산이 된다. 그 태산이 나의 성적을 올리게 할 수도 있고 떨어지게 할 수도 있다. 그러니 이 작업을 생략하고 다음 강의를 수강하면 절대 안 된다. 꼭 복습을 제대로 한 후, 다음 진도를 나가야 한다. 그래야 실속 있게 인강을 활용하는 것이다.

우리가 인터넷 강의를 활용하는 목적은 첫째도 멘토고 둘째도 멘토다. 그러니 내가 모르는 부분이 생기면 꼭 인강 선생님의 도움을 받아야만 한다. 나는 사탐 공부를 혼자 하다가 모르는 부분이 생기면 꼭 따로 메모해뒀다. 주로 나의 사탐 인강 강의 시간은 밤 9시~자정이었다. 복습을 했지만 이해가 되지 않는 부분은 꼭 Q&A 게시판에 질문하거나, 선생님께 직접 메일을 보냈다. 어떤 부분이 어떤 식으로 이해가 안 되는지 구체적으로 질문했다.

우리가 샘플 강의를 열심히 듣고, 나와 맞는 선생님을 반드시 찾아야 하는 이유가 여기에 한 가지 더 있다. 바로 내가 '콩떡' 같이 질문해도 선생님께서 '찰떡' 같이 알아먹고 답변해준다는 것이다. 내가 어떤 식으로 질문을 하던 선생님께서는 질문의 요점을 잘 파악하고 내가 원하는 정확한 답변을 해주신다. 그래서 처음부터 나와 맞는 인강 선생님을 찾아야 하는 이유다. 모르는 부분이 생기면 꼭 인강 선생님의 도움을 받아야 한다.

또한 혼자서 공부를 할 때, 기본 개념을 스스로 익힌 뒤 심화 강의를 신청하는 것도 큰 도움이 된다. 기본 강의부터 듣게 되면 자연스럽게 심화 과정도 들어야 한다. 기본 강의가 교과의 큰 테두리를 다루는 강의라면 심화 강의는 그 테두리 안의 세부적인 것까지 모두 다룬 강의다. 만일 각 강좌마다 30강씩 있다고 하면 인터넷 강의를 총 60개나 들어야 한다. 60개의 강좌를 1배속으로 듣고, 다시 또 10번 복습하고, 또 1.5배속으로 듣다보면 시간이 너무 많이 낭비된다. 내게 실속 없는 인강이 돼버리는 것이다. 그러니 큰 테두리는 가급적 혼자 공부로 해결하고 심화 강의만 찾아서 듣는 것이 시간을 아끼는 데 많은 도움이 된다.

혼자 공부를 하다 보면 분명 어려운 점이 생긴다. 하지만 혼공을 긍정적으로 바라보면 스스로 해결할 수 있는 힘을 길러준다. 인강은 '혼공'이라는 나무의 접붙이기와도 같다. 기본적으로 내가 갖고 있는 혼공 능력에 조금 더 새로운 능력을 보태주는 것이다. 그러니 인강을 잘 활용해야 한다. 내가 잘 활용하는 만큼 인강은 나의 혼공 나무에 실속 있는 접붙이기를 해줄 것이다.

핵심노트 ⑤ 이것만은 꼭 기억하자!

혼공을 준비하는 당신에게 꼭 필요한 것

1. 교과서, 기본서, 문제집을 1권씩만 준비하자

많은 기본서와 문제집을 살 필요가 전혀 없다. 단 1권이면 충분하다. 그 1권을 알차게 풀면 된다. 기본서와 문제집을 고를 때는 꼭 나의 공부 성향에 맞는 책을 골라야 한다. 내가 좋아하는 디자인, 내가 좋아하는 필체 등 무엇이든 좋다. 계속해서 들여다보고 싶은 마음이 드는 책을 고르면 된다.

2. 샤프, 형광펜, 혹은 다양한 색의 볼펜을 준비하자

우리는 기본서나 교과서를 최소 10번은 읽어야 한다. 그래야 내 것으로 만들 수 있다. 그렇게 하려면 내가 읽었다는 티를 내야만 한다. 처음에는 가볍게 샤프로 밑줄을 그으며 본다. 그런 후, 볼펜이나 형광펜을 활용해서 읽는다. 되도록 연한 색부터 시작한 뒤, 진한 색으로 바꾸면 좋다. 이런 식으로 밑줄을 그으면서 최소 10번을 읽자.

3. 교과 시간 분배 전략을 잘하자

하루에 13시간을 혼자 공부한다고 가정해보자. 13시간 중 가장 많은 시간을 할애해야 할 과목은 무엇일까? 바로 내가 가장 취약한 교과다. 만일 수학이 제일 부족한 교과라면 최소 5시간은 수학을 공부하는 데 투자해야 한다. 그리고 수학 교과 중 내가 특히 부족한 부분을 더 많은 시간을 할애해서 공부하면 된다. '확률'이 나에게 가장 부족한 부분이라면 이 부분을 더 많은 시간을 집중하는 것이다. 그 후 사탐과 과탐은 각 교과별 1시간씩, 언어와 외국어는 2시간씩 공부하는 전략을 사용하면 된다. 일단 나에게 가장 부족한 교과가 무엇인지 파악하도록 하자.

4. 공부 멘토를 정하자

혼자 공부를 선택했다면 공부 멘토는 반드시 필요한 존재다. 그러니 혼자 공부를 시작하기 전, 꼭 공부 멘토를 정해야만 한다. 교과별로만 멘토를 정하지 말고, 교과의 각 부분까지도 멘토를 정하면 좋다. 혼공에서 멘토는 필수다. 멘토는 혼공을 할 때, 어려운 문제를 금방 해결해주는 강한 무기이기 때문이다. 10시간을 들여서 해결해야 할 문제가 멘토 덕에 1분이면 해결이 된다. 그만큼 멘토는 선택이 아닌 필수다. 나 또한 혼공이 어려운 당신의 멘토가 될 수 있다. 어떤 질문이든 내게 물어본다면 적극적으로 당신의 어려움을 해결해주겠다. 그러니 주저하지 말라.

5

자투리 시간,
허투루 날리지 마라

눈부신 성취는 언제나 특별하지 않은 준비 뒤에 온다.
– 로버트 슐러

당신에게 5분이 주어진다면 그 5분을 어떻게 사용할 것인가?

28세의 젊은 사형수가 있다. 죽음에 직면한 그에게 주어진 시간은 단 5분이었다. 짧게 느껴지는 5분이지만 그에게는 생애 마지막으로 주어진 시간이다. 그는 주어진 5분을 어떻게 써야할지 재빨리 고민했다. 그리고 그는 결정했다. 첫 2분은 나를 잘 알고 있는 사랑하는 사람들을 위해 기도를 드리기로 했다. 그런 후 2분 동안 하나님께 기도하고 동료 사형수들에게 인사를 하는 데 사용하기로 했다. 마지막 1분은 내 발을 내딛게 해준 땅과 자연에 대한 감사의 기도를 드리는 데 사용하기로 했다. 그는 그렇게 그에게 주어진 마지막 5분을 사용하고 있었다.

눈물을 흘리며 그는 생각했다. '내 인생을 이렇게 마감하는구나. 나에게 주어진 시간이 단 5분이라도 더 있다면.' 하며 생을 이별하려는 순간, 기적적으로 사형 집행 중지 명령이 떨어졌다. 그 순간, 그는 새로운 삶을 선물 받은 것이다. 새로운 삶을 선물 받은 그는 다짐했다. '소중한 시간, 단 1분 1초라도 내 생의 마지막 순간인 것처럼 최선을 다하리라.'라고 말이다. 그는 그 후 스스로와의 약속을 지켰다. 그 결과 『죄와 벌』, 『카라마조프의 형제들』 등 유명한 명작을 세상에 알렸다. 시간의 중요성을 깨닫게 된 그는 바로 '도스토예프스키'이다.

당신은 당신의 자투리 시간 5분을 어떻게 사용하고 있는가? 도스토예프스키는 5분을 알차게 계획했다. 누군가를 위한 기도, 사랑하는 동료와의 작별 인사, 그리고 이 세상에 태어났음을 감사하는 기도로 말이다. 5분은 우리가 인식하지 않으면 금방 지나가버릴 시간이다. 하지만 우리가 5분이라는 시간을 인식하고 있으면 도스토예프스키처럼 알차게 계획하고 알차게 활용할 수 있다.

공부를 돌다리 하나 없는 냇가를 건너가는 것에 비유한다면 혼자서 공부하는 시간의 양이 큰 돌에 해당된다. 혼자서 공부하는 시간을 늘릴수록 큰 돌은 채워지고 돌이 채워지는 만큼 조금씩 냇가를 건너갈 수 있다. 하지만 냇가를 완벽하게 지나가려면 큰 돌만 필요한 것이 아니다. 중간중간 작은 돌도 넣어줘야 한다. 그래야 물에 휩쓸리지 않고 완벽하게 지나갈 수 있다. 그 작은 돌의 역할을 하는 것이 바로 자투리 시간 활용이다.

나는 자투리 시간이 생기면 주로 영어 단어를 외웠다. 아니, 외웠다는 표현보다는 반복해서 봤다는 표현이 맞을 것이다. 나는 영어 단어를 일부러 외우려고 하지 않았다. 영어 단어를 외워야 한다 생각하면 그 순간, '영어 단어'는 혼자서 따로 또 시간을 내서 해야 하는 공부로 인식돼버리기 때문이다. 그래서 시간이 날 때마다 영어 단어장을 꺼내거나 수첩에 적힌 영어 단어를 봤다. 눈으로 반복해서 읽었다. 매일 이 과정을 반복했다.

고등학생 시절, 나의 고등학교 시간표는 9교시였다. 1교시부터 9교시까지 쉬는 시간 10분씩이면 90분이나 됐다. 도스토예스키도 5분을 알차게 썼는데 내게는 자투리 시간이 90분이나 있었던 것이다. 90분에다가 점심을 먹고 나서 주어진 20분 정도의 시간까지 더하면 거의 110분의 자투리 시간이 있었다. 매일 영어 단어를 110분 동안 읽는다고 생각해보라. 그럼 굳이 영어 단어를 외울 필요가 없다. 아까운 야간 자율 학습시간이나 혼자서 공부를 해야 하는 시간에 영어 단어장을 펼쳐서 보고 있다면 시간낭비다.

이렇게 어제 봤던 영어 단어를 오늘 또 보고, 오늘 본 영어 단어를 내일 또 보고 하는 식으로 반복하니 영어 단어를 외우지 않았는데도 어느새 외국어 영역 문제를 풀 때 나도 모르게 지문이 읽히기 시작했다. 이게 바로 자투리 시간 활용의 놀라운 효과다. 그러니 지금 당장 내가 학교에 도착한 순간부터 학교 수업이 끝나기 전까지 나에게는 어느 정도의 자투리 시간이 있는지 꼭 계산해야 한다.

자투리 시간은 알차게 써야 한다

또한 자투리 시간은 '아하! 현상'이 발생할 수 있는 귀중한 시간이다. 목욕통에 앉아 목욕을 하고 있던 아르키메데스가 자신도 모르게 '부력의 원리'를 깨달았던 일화가 있다. 그게 바로 '아하! 현상'이다. 즉, '아하! 현상'은 어떤 문제를 통찰적으로 파악하여 한 번에 해결하는 것을 뜻한다. 아르키메데스는 그 '아하! 현상'이 생기기 전까지 자투리 시간이 생길 때마다 그 문제를 해결하기 위해 노력했을 것이다.

그랬던 아르키메데스에게 목욕이라는 자투리 시간이 주어지고, 해결되지 않았던 문제가 그 자투리 시간에 해결된 것이다. 즉, 아르키메데스가 며칠째 풀지 못했던 문제가 자신도 모르게 갑자기 해결된 것이다. 며칠째 문제가 잘 풀리지 않고, 개념이 어려운 부분은 나의 자투리 시간이 생길 때마다 계속 고민하면 좋다. 반복해서 고민할수록 많은 도움이 된다. 그 개념과 문제가 내 머릿속에서 끊임없이 생각나게끔 말이다. 그럼 자신도 모르게 갑자기 해결되는 경우가 있다.

또한, 자투리 시간은 나의 혼공을 이어갈 수 있게끔 내 하드웨어를 튼튼히 정비하는 시간이다. 우리의 뇌가 소프트웨어라면 우리 몸은 하드웨어다. 나의 소프트웨어는 항상 업그레이드 된다. 나의 공부량이 많아질수록 소프트웨어는 매일 새롭게 변한다. 그리고 새로운 정보를 저장하기 위해 끊임없이 움직인다. 소프트웨어가 일을 제대로 하려면 하드웨어가 튼튼해야한다. 하드웨어가 튼튼하지 않으면 소프트웨어는 일을 할 수 없기 때문이다.

학년이 올라갈수록 성적을 올리려면 우리는 시간이 날 때마다 계속 공부만 해야 한다고 생각한다. 하지만 공부를 계속 이어갈 수 있게 해주는 곳은 내 머리가 아닌 나의 몸이다. 나의 몸이 건강하지 않으면 마음처럼 쉽게 공부를 할 수 없다. 감기에 걸려서 콧물이 흐르고, 몸에 열이 나는데 어떤 소프트웨어가 그걸 감당할 수 있겠는가?

그러니 자투리 시간이 날 때마다 그 시간은 하드웨어를 강화하는 시간이라고 생각해야 한다. 고등학생 시절의 나처럼 쉬는 시간을 포함해서 자투리 시간이 110분이라면, 최소 30분 정도는 하드웨어를 위한 시간에 투자해야 한다. 스트레칭, 스쿼트 등 교실에서 할 수 있는 간단한 운동이면 무엇이든 좋다. 하드웨어를 강화하는 자투리 시간에 수건을 활용한 스트레칭을 하면 더욱 좋다. 특히 등 스트레칭을 해주면 공부를 하느라 굽었던 어깨가 펴지고, 뭉쳤던 근육이 풀리는 느낌을 받을 수 있을 것이다. 하드웨어가 튼튼해야 소프트웨어가 따라갈 수 있다는 것을 명심해야한다.

마지막으로 자투리 시간은 나와의 속대화를 할 수 있는 알찬 시간이다. 꾸준히 혼공을 하려면 그만큼 내 마음을 자주 들여다봐야 한다. 내 마음이 지금 힘들지 않은지, 우울하지 않은지 말이다. 내 마음의 상태를 잘 알아야 혼공의 여정을 지속할 수 있다. 자주 들여다보지 않고 외면해 버리면 자신도 모르게 어느 샌가 마음이 많이 무너져 내린 경우가 있다. 자투리 시간은 나의 내면을 들여다볼 수 있는 좋은 시간이다.

오늘은 내 마음 상태가 어떤지 확인할 수 있고, 힘들다는 느낌이 들면 자투리 시간을 통해 해결할 수 있다. 자투리 시간 나와의 속대화를 많이 할수록 자신도 모르게 마음의 집이 튼튼해지는 것을 느낄 수 있을 것이다. 마음의 집이 튼튼해지면 시간이 지날수록 내 마음이 외부 세계에 크게 동요되지 않고, 항상 일정한 마음 상태를 유지하는 것을 느낄 수 있을 것이다. 그만큼 자투리 시간, 나와의 속대화는 중요하다.

"낭비한 시간에 대한 후회는 더 큰 시간 낭비이다."라는 메이슨 쿨리의 명언이 있다. 당신이 자투리 시간을 허투루 썼다고 후회하는 순간도 시간 낭비다. 당신에게 주어진 자투리 시간은 오직 당신만을 위해 무엇이든 해야 한다. 자투리 시간은 나만을 위해 주어진 시간이다. 그렇기 때문에 '5분밖에'라는 생각을 버리고 '5분이나'라는 마음으로 자투리 시간을 바라봐야한다. 죽음 직전 남겨진 5분을 썼던 도스토예프스키보다 더 알차게 나의 자투리 시간을 써야만 한다.

6

어디든 들고 다닐 수첩을 활용하라

교육은 더 높은 수준의 편견을 얻는 방법이다.
– 로렌스 J. 피터

메모의 힘은 천재의 머리를 이긴다

아인슈타인은 천재보다는 둔재로 불렸다. 그의 고등학교 성적은 최악이었고, 대학교를 졸업한 후 백수로 지냈던 시절이 있다. 그랬던 그가 특허청에 취직을 한 후, 꾸준히 무엇인가를 메모하기 시작했고 그 메모가 지금의 위대한 과학자인 아인슈타인을 탄생시키게끔 했다. 또한 다산 정약용은 18년간 전남 강진에서 유배생활을 하며 무려 500여 권의 저서를 남겼다. 그가 500여 권의 저서를 남길 수 있었던 이유 역시 메모하는 습관이었다. 그에게는 메모가 이미 체질화된 습관이었다. 이들은 각기 다른 시대, 다른 곳에서 태어났지만 모두 메모의 힘을 알고 있었다. 그래서 꾸준히 수첩에 메모를 했고 그 메모의 힘 덕분에 원하는 것을 다 이룰 수 있었다.

'둔필승총(鈍筆勝聰)'이라는 고사성어가 있다. 무딘 붓이 더 총명하다, 혹은 서툰 글씨라도 기록하는 것이 기억하는 것보다는 낫다는 말이다. 이 말을 한마디로 표현하자면 천재의 훌륭한 기억력보다는 미련한 사람의 메모가 낫다는 것이다. 아무리 뛰어난 사람의 기억력도 시간이 지나면 흘러가버린다. 우리의 기억은 흘러가는 강물처럼 매일 흘러간다. 이미 흘러간 기억은 시간이 지날수록 잊힌다. 하지만 메모는 흘러가지 않는다. 수첩에 메모를 하는 순간 흘러가지 않게 꽉 붙잡아두는 것이다. 내가 그 수첩을 잃어버리지 않는 한, 그 순간 적은 나의 메모는 평생 내 것이 된다.

어디든 들고 다닐 수첩이 있어야 하는 첫 번째 이유는 나의 간절한 꿈을 매일 들여다보기 위해서다. 우리가 공부를 하는 이유는 간절한 꿈이 있기 때문이다. 그 간절한 꿈을 공부라는 수단을 통해 얻을 수 있다고 생각하기 때문에 공부를 하고 있는 것이다. 하지만 목표를 이루기 위한 수단이었던 공부에만 집중을 하다 보면 어느새 자신도 모르게 나의 간절한 꿈이 무엇이었는지 가물가물해진다. 공부에만 초점을 두게 되면, 공부를 하는 게 힘들게 느껴지기도 하고 때로는 공부를 포기하고 싶다는 생각이 들 수도 있다.

내가 간절하게 이루고 싶은 꿈을 수첩에 적는 순간 나는 매일 공부를 하면서 내 꿈을 볼 수 있다. 내 꿈을 수첩에 적는 이유는 '자이가르닉 효과'를 활용하기 위해서다. '자이가르닉 효과'란 우리가 제대로 마치지 못한 일이 있다면 내 마음속에서 그 일을 계속 지우지 못하고 되뇌는 현상을 뜻한다. 그래서 그 일을 완수하기 위해 끊임없이 생각하게 되고, 그 일이 완결이 될 때까지 그 생각을 떨쳐내지 못한다는 것을 의미한다.

내 꿈을, 펜을 활용해 수첩에 적으면 그 꿈은 이제 시각화가 된다. 내 꿈을 글자로 시각화했기 때문에 수첩을 볼 때마다 나는 내 꿈을 들여다보게 된다. 수첩에 적힌 꿈은 아직 이루지 못한 나의 꿈이다. 내게는 완결되지 않은 과제이다. 그렇기 때문에 나는 그 꿈을 계속 생각하고 또 생각하게 된다. '자이가르닉 효과'처럼 말이다. 그래서 공부를 할 때 우리는 항상 그 수첩을 옆에 두고 공부를 해야 한다. 그래야만 지금 이 순간, 내가 의자에 앉아서 공부를 하고 있는 명확한 이유를 알 수 있다. 우리의 뇌는 보이는 것을 강하게 믿는 성격이 강하다. 내 꿈이 적힌 수첩을 실제로 봤을 때 그 꿈을 반드시 이루고 싶다는 간절함이 생기는 것이다.

어디든 들고 다닐 수첩이 있어야 하는 두 번째 이유는 잘 풀리지 않는 문제와 어려운 개념을 수시로 들여다보기 위해서다. 우리가 공부해야 할 과목은 많다. 그리고 과목의 수가 많은 만큼 내가 들고 다녀야 할 교과서, 참고서, 문제집의 무게 또한 어마어마하다. 매일 이 모든 책을 들고 다닐 수는 없다. 공부라는 내 어깨의 짐에 책이라는 무게의 짐을 더할 수는 없다. 그렇기 때문에 간편하게 들고 다닐 수첩이 필요하다. 공부를 했지만 내 것이 잘 되지 않는 개념이 분명 있을 것이다. 그러면 그 개념을 내가 들고 다니는 수첩에 적으면 된다. 그 후 수시로 수첩을 들여다보면 된다.

수첩을 들여다보며 그 개념과 관련된 용어, 풀이 등을 속대화로 되뇐다. 내게 설명하는 것이다. 수첩을 자주 볼수록 나에게는 많은 도움이 된다. 처음에 내게 설명할 때 10분이 걸렸다면 두 번째는 9분만 걸릴 수 있다. 백 번 이상을 봤다면 10초도 안 되서 내게 설명할 수 있을 것이다. 개념을 나에게 자신 있게 설명할 수 있을 정도로 수첩을 들여다보면 나에게 많은 도움이 된다.

풀리지 않는 문제를 수첩에 적는 것도 도움이 된다. 문제가 적힌 수첩을 계속 들여다보고 있으면 자신도 모르게 풀리는 경우가 있다. 혹은 풀리지 않다면 그 문제를 적은 수첩을 멘토에게 보여주면 된다. 설령 멘토의 설명으로 그 문제가 해결됐다고 해도, 그 문제의 풀이방법을 바로 그 수첩 밑에 적어서는 안 된다. 멘토의 도움으로 해결됐지만 내게는 아직 해결하지 못한 과제이기 때문이다.

그러므로 다른 수첩을 활용해서 풀이 방법을 적거나, 그 수첩의 다른 면에 풀이 방법을 적어야한다. 그런 후, 혼자서 공부하는 시간에 다시 그 문제를 직접 해결하는 것이다. 스스로 해결하고 난 뒤에는 꼭 멘토의 설명이 적힌 수첩을 꺼내서 확인해야 한다. 멘토의 설명에 맞게 잘 해결했다면 이제 그 문제는 완성된 과제다. 혹시 모르니 일주일 뒤에 다시 또 그 문제를 풀어보는 것도 내 것으로 만드는 데 많은 도움이 된다.

어디든 들고 다닐 수첩이 있어야 하는 세 번째 이유는 내 마음의 보상을 위해서다. 책을 읽다보면 유독 나에게 힘을 주는 강한 메시지가 있다. 그 문장을 계속 보고 있으면 나도 모르게 기운이 샘솟는다. 그 문장이 내게 주는 마음의 보상이다. 아무리 좋은 문장도 내가 계속 반복해서 보지 않으면 어느새 신기루처럼 흩어져버린다. 흩어진 문장은 아무리 생각해도 다시 떠오르지 않는다. 그러니 문장을 읽는 순간 마음에 강한 자극을 받았다면 바로 수첩을 꺼내서 문장을 적어야 한다.

나는 대학교를 자퇴하고 1년 동안 도서관을 다니면서 혼자 공부를 했다. 당시 나의 수첩은 4개였다. 1번 수첩은 내가 이루고 싶은 꿈을 적은 수첩이다. 제일 얇은 수첩이고 수첩의 제목은 '광주교대 오지영'이었다. 그 수첩은 선생님이 수업하고 있는 장면, 광주교대 사진, 초등학생 사진 등 내 꿈을 시각화하는 수첩이었다. 나는 아침에 공부를 시작하기 전 항상 1번 수첩을 봤다. 그리고 잠자리에 들기 전에도 1번 수첩을 봤다. 하루에 2번씩 1번 수첩을 보고 있으면 공부를 통해 내 꿈을 이루고 싶다는 간절함이 생겼다.

나의 2번 수첩은 어려운 개념과 어려운 문제, 혹은 반복해서 보고 싶은 영어 단어를 적은 수첩이다. 2번 수첩은 주로 자투리 시간을 활용해서 봤다. 틈나는 대로 2번 수첩을 보니 해결되지 않았던 문제가 갑자기 해결되기도 했다. 그리고 영어 단어 또한 수첩을 활용해 반복해서 보니 손쉽게 내 것으로 만들 수 있었다.

3번 수첩은 멘토의 도움을 받는 수첩이다. 일종의 정답지다. 1년 동안 혼자서 공부할 때 내게 멘토는 고1 과외 선생님, 그리고 사탐 인강 선생님들이었다. 그분들을 통해 알게 된 풀이법을 나는 3번 수첩에 적었다. 2번 수첩에 적지 않았던 이유는 아직 내 것이 되지 않았기 때문이다. 나는 그래서 2번 수첩에 적힌 문제를 스스로 해결한 뒤 3번 수첩을 봤다. 내가 해결한 방법이 3번 수첩의 해결법과 동일하면 '이제 내 것이 됐구나.' 하는 안도감이 들었다.

이제 마지막 4번 수첩이다. 이 수첩은 내 마음 보상 수첩이었다. 혼자 공부가 유독 힘든 날에 나는 도서관에 있는 책을 빌려서 읽었다. 책을 읽다 보면 유독 내 마음을 달래는 문장이 눈에 들어온다. 혹은 공부 열정을 불태우는 문장도 눈에 들어왔다. 그럼 나는 바로 4번 수첩에 그 문장을 적었다. 그리고 화장실을 갈 때마다, 도서관을 오고가고 할 때마다 4번 수첩을 봤다. 이렇게 4개의 수첩이 나의 혼공 1년을 버티게 해준 고마운 친구들이다.

성공하는 대부분의 사람들은 메모하는 좋은 습관을 갖고 있다. 메모의 힘은 대단하다. "높이 나는 새가 멀리 본다."라는 말이 있듯이 메모하는 습관은 당신을 더 높이 날게 도와준다. 그리고 높이 난 만큼 당신은 저 멀리 있던 꿈을 가까이에서 들여다볼 수 있을 것이다. 메모의 힘을 활용하여 한 마리의 새처럼 최대한 높이 날아라. 그리고 가까이에서 당신의 간절한 꿈을 바라봐라.

7

내 성적을 올리는 과목별 혼공 학습 전략법

배우고 익히면 또한 기쁘지 아니한가.
– 공자

각 교과에 맞는 레시피가 따로 있다

21살 겨울, 나는 내가 졸업한 고등학교를 다시 찾아갔다. 2년만의 발걸음이지만 마치 고등학교 3학년으로 돌아간 것만 같았다. 학교는 여전히 변한 게 없었다. 여학교 특유의 여학생들 웃음소리가 끊이지 않았고 모든 것이 그 자리 그곳에 머물러 있었다. 나는 무척 들떴다. 1년의 혼공을 마치고 내 수능 점수를 확인하는 날이었다.

나는 2층 고등학교 3학년 교무실로 향했다. 그리고 내 성적표를 받았다. '오지영' 이름에 '국어, 외국어, 사탐 1등급. 수리 2등급'이라고 선명하게 찍혀 있었다. 수리 영역을 제외한 모든 등급이 1등급이었다. 내 목표를 완벽하게 달성한 성적표였다. 나의 목표는 '수리 영역을 제외한 모든 교과 1등급, 수리 2등급' 이었다. 5등급이었던 내가 과목별 혼공 학습 전략으로 1년을 공부했고 그 결과 나는 내 꿈에 한 발짝 다가갈 수 있었다.

우리가 하루도 빼먹지 않고 하는 일이 있다. 바로 삼시세끼 챙겨먹기다. 만일 점심으로 잡곡밥, 미역국, 멸치볶음, 김치를 먹었다면 내가 먹은 음식은 모두 다른 레시피로 만들어졌다. 똑같은 레시피가 하나도 없다. 하나의 레시피로 다섯 가지의 음식을 만들 수는 없다. 교과 공부도 마찬가지다. 각 교과에 맞는 레시피가 따로 있다. 그게 바로 학습 전략이다. 따라서 혼공을 하려면 그 교과에 맞는 레시피로 공부를 해야만 한다. 우리가 알아야 할 레시피는 총 4가지다. 이 4가지 레시피를 머리에 숙지하고 공부를 한다면 학년이 올라갈수록 내 성적이 오를 것이다.

국어 레시피–지문에서 객관적인 근거 찾기

첫 번째로 알아야 할 레시피는 국어 영역이다. 국어 영역은 철저히 객관적인 근거를 들어가며 공부하는 습관을 만들어야 한다. 나의 생각이 들어가면 안 된다. 지문 속에 답이 들어 있고 글쓴이의 생각이 답이다. 국어 영역이 어렵다면 근거를 찾는 훈련을 해야 한다. 매일매일 국어 영역의 각 부분별로 최소 한 문제는 풀어야 한다.

예를 들어 당신이 비문학 문제를 풀고 있다고 가정하자. "윗글에서 알 수 있는 내용으로 적절하지 않은 것은?"이라는 문제를 푼다면, 먼저 보기 ①번부터 ⑤번까지 문장을 훑어본다. 훑어보면서 각 보기별로 키워드 중심으로 동그라미를 쳐놓는다. 그런 후 지문을 보며 ①번부터 ⑤번의 내용과 관련된 근거를 찾으려고 노력한다. 이때는 시간이 많이 걸려도 괜찮다. 정답을 찾는 게 아니라 각 보기에 해당하는 근거를 찾기 위한 훈련이기 때문이다. 이렇게 근거를 적다 보면 자신도 모르게 정답을 찾게 된다.

문학은 여기에 한 가지를 더 추가한 훈련을 해야 한다. 문학 지문을 읽으며 그 문학에서 느껴지는 분위기를 적는 것이다. 이때도 역시 왜 그런 분위기가 느껴지는지 철저하게 문학 지문에 나온 단어 위주로 판단해야 한다. 내 생각으로 판단해서는 안 된다. 예를 들어 문학 지문을 읽고 '슬픔, 불행'이 느껴진다는 생각을 적었다면, 지문 속 어떤 단어나 문장으로 인해 '슬픔, 불행'이 느껴졌는지에 대한 그 객관적인 근거를 적어야만 한다.

나 역시 국어 영역 5등급 시절 이 훈련을 처음 시작할 때는 한 문제를 푸는 데 한 시간이 넘게 소요됐다. 하지만 포기하지 않았다. 꾸준히 훈련을 했더니 시간이 갈수록 국어 영역 점수가 올랐다. 이 훈련은 하루라도 빨리 시작하는 것이 좋다. 훈련을 계속 반복해서 하다보면 나도 모르게 어느새 근거를 찾는 감이 잡힐 것이다. 그때부터는 근거를 적지 않고 문제를 빨리 푸는 훈련을 하면 된다.

수학 레시피—기초 공사를 탄탄히! 무식하게 외워라!

두 번째로 알아야 할 레시피는 수리 영역이다. 수리 영역은 기초 공사가 매우 중요하다. 기초 공사가 부실하면 제대로 된 수리 영역 건물을 쌓을 수 없다. 현재 내 수리 영역 공사가 몇 층인지 모르겠다면 초등학교 3학년 문제집을 풀어볼 것을 추천한다. 서점에 가서 초등학교 3학년 수학 문제집을 들어 눈으로 풀어본다. 잘 풀리면 그다음 단계로 넘어간다. 이런 식으로 해서 초등학교 6학년 문제집부터 잘 풀리지 않는다면 나는 초6 기초 공사를 시작해야 한다.

수리 영역은 부족한 공사를 잘 보완하고 난 뒤 한 단계 한 단계 올라가야 하는 것이다. 이렇게 차근차근 올라갔는데도 수리 영역 등급이 올라가지 않는다면, 수리 영역 기출 문제를 전부 외우는 것도 하나의 방법이다. 기출 문제가 많으면 많을수록 좋다. 수리 영역이라는 과목을 문제를 이해하고 응용해서 푸는 과목이라고 생각하면 안 된다. 수리 영역도 암기 과목이 될 수 있기 때문이다.

나 역시 혼공을 할 때 수리 영역은 초등학교 3학년부터 다시 공부를 했다. 하지만 수리 영역 성적을 올리는 게 생각보다 쉽지 않았다. 그래서 나는 1993년도 기출 문제부터 2005년도까지의 모든 수리 영역 기출 문제를 뽑았다. 그리고 한 권의 책으로 만들었다. 그 기출 문제집을 백 번을 넘게 봤다.

도저히 이해가 안 되는 풀이는 문제와 풀이 방법 두 개를 모두 암기했다. 문제와 함께 풀이 방법을 외운 것은 내게 큰 도움이 됐다. 새로운 문제를 풀다가 잘 풀리지 않으면 내가 외웠던 풀이법을 그 문제에 적용해 봤다. 놀라웠다. 실제로 보기 안에 해당되는 숫자가 있었다. 기출 문제를 백 번을 본 후, 수리 영역 수능을 봤고 그 결과, 6등급이었던 수리 영역이 2등급까지 올랐다.

외국어 영역 레시피–동사 위주로 외우기

세 번째로 알아야 할 레시피는 외국어 영역이다. 외국어는 듣고 푸는 문제와 내가 직접 지문을 읽고 풀어야 하는 문제로 구분된다. 외국어 듣기는 매일 들어야 한다. 단어가 귀에 들릴 때까지 계속 들어야 한다. 주로 기출 문제 위주로 들으면 좋다. 듣기 문제는 자투리 시간을 활용해서 듣거나, 아침에 일어나자마자 듣는 게 좋다. 특히 쉬는 시간, 친구들이 떠들 때 영어 듣기 훈련을 하는 것도 큰 도움이 된다.

지문을 읽고 푸는 문제는 단어를 많이 알아야 한다. 특히 동사 위주로 외워야 한다. 예를 들어 'I eat apple.'이라는 문장이 있다. 나는 'apple'의 뜻을 알지 못하지만 'eat'이라는 '먹다.' 동사를 알고 있다면 무엇인가를 먹고 있다 정도는 해석할 수 있다. 영어 단어는 자투리 시간을 활용해서 반복해서 읽는다. 외우려고 생각하면 큰 부담이 되기 때문에 시간 날 때마다 계속 반복해서 본다는 생각으로 읽는다. 그러면 자기도 모르게 문제를 풀 때 자주 봤던 영어 단어의 뜻이 생각날 것이다. 영어 문제를 푸는 방법도 국어 영역과 동일하다. 각 보기의 ①번부터 ⑤번까지 무엇이 정답이고 나머지는 왜 정답이 될 수 없는지 객관적인 근거를 적으면서 풀어야 한다.

사탐, 한국사/과탐 레시피–반복만이 살길이다

마지막으로 알아야 할 레피시는 사탐, 한국사/과탐 레시피다. 이 과목은 먼저 기본 개념은 혼자 공부로 익혀두는 것이 좋다. 교과서, 참고서를 먼저 꺼내 최소 10번 이상은 읽어야 한다. 형형색색의 볼펜으로 10번 읽었다는 티를 내야 한다. 마지막 레시피 과목은 오직 반복만이 살길이다. 반복하고 또 반복해야 한다. 반복해서 공부를 했는데도 개념이 잘 잡히지 않는다면 그때는 실속 있게 인터넷 강의 심화 과정의 도움을 받으면 좋다.

기본 개념이라는 큰 공원을 만들었으니 공원에 꾸밀 내용을 심화 강의로 해결하는 것이다. 특히 혼공을 할 때는 멘토의 도움이 절실할 때가 있다. 나와 잘 맞는 성향의 선생님 강의를 들으면 동시에 나의 멘토가 생기는 것이다. 실속 있게 인강 듣는 방법을 활용해서 심화 강의를 들으면 사탐, 한국사/과탐 영역 역시 1등급까지 성적이 오를 것이다. 또한 내가 운영하고 있는 카페에 문의를 한다면 나 역시 기꺼이 당신의 멘토가 되겠다. 그러므로 혼공에서 멘토는 필수라는 것을 절대 잊지 말자.

"어떤 분야에서든 유능해지고 성공하기 위해선 세 가지가 필요하다. 타고난 천성과 공부 그리고 부단한 노력이 그것이다."라는 핸리 워드 비처의 명언이 있다. 과목별 학습 전략을 알았으니 이제 부단한 노력만이 남았다. 꿈을 향해 쫓아가는 효율적인 전략을 알았으니 그 다음부터는 당신에게 달렸다는 것을 명심, 또 명심해야 한다.

8

과목별 학습 전략, 실천하면 공부가 재미있어진다!

"그걸 할 수 없어."라는 말을 들을 때마다 나는 성공이 가까웠음을 안다.
– 마이클 플래틀리

꾸준한 반복, 실천만이 답이다

고등학교 강단에 한 남자가 서 있다. 멋지게 드럼 연주를 하고 있다. 모든 학생들이 그를 바라보고 있다. 그의 얼굴은 무척 행복해 보인다. 그는 바로 닉 부이치치다. 그는 팔과 다리가 없다. 그의 신체 중 유일하게 제 기능을 할 수 있는 것은 닭발 모양처럼 생긴 그의 두 발가락이다. 그는 생존을 위해 그의 두 발가락을 잘 사용하는 전략을 익혔다.

두 발가락으로 숟가락을 사용하는 법을 익히고, 거기에 연필을 쥐며 글씨까지 쓰는 또 다른 전략을 더했다. 그 역시 전략을 처음 사용할 때는 많은 어려움이 있었을 것이다. 하지만 그는 포기하지 않았다. 반복해서 실천했다. 반복과 실천만이 답이었다. 그 결과, 꾸준한 실천으로 그는 두 발가락으로 많은 것을 하게 됐다. 두 발가락을 사용해서 할 수 있는 모든 전략을 익힌 것이다. 할 수 있는 게 많이 생기니 그의 인생은 재미있어졌다.

닉 부이치치의 인생이 재미있어진 이유는 꾸준한 반복과 실천 덕분이다. 과목에 맞는 학습 전략을 실천하는 과정은 마치 닉 부이치치가 두 발가락을 사용하는 전략과도 유사하다. 처음에는 많이 힘들 수 있다. 더디게 나갈 수 있다. 하지만 이겨내고 실천해야 한다. 반복해서 실천해야 한다. 반복하면 할수록 공부가 재미있어지는 순간이 다가온다. 닉 부이치치의 인생이 재미있어진 것처럼 당신 또한 당신의 공부가 재밌게 느껴질 수 있는 것이다.

과목별 학습 전략을 알게 된 순간 우리는 성적을 올릴 수 있는 기회를 잡은 것이다. 그 기회를 놓쳐서는 안 된다. 하지만 무엇이든 쉽게 얻을 수는 없다. 성적을 올리려면 과목에 맞는 공부법을 내 것으로 만들어야 한다. 내 것으로 만들기 위해서는 반복만이 살길이다. 계속 반복하고 또 반복해야 한다.

처음에는 무척 어렵고 힘들다. 마치 우리가 새 신발을 신은 것처럼 답답할 것이다. 새 신발은 처음 신으면 발뒤꿈치에 상처가 난다. 새로운 공부법 역시 발뒤꿈치에 난 상처처럼 우리를 고민에 빠지게 할 것이다. '이 공부법으로 계속 공부를 할 것인가, 아니면 예전 내 공부법으로 돌아갈 것인가?'라는 고민이다.

이 과정을 이겨내지 못하고 주저앉으면 우리는 성적을 올릴 기회를 놓치는 것이다. 마치 새 신발을 딱 한 번 신고 포기하는 것과 같다. 하지만 신발은 발뒤꿈치에 몇 번 상처가 났어도 결국 내 발에 길들여진다. 길들여지고 나면 언제 그랬냐는 듯이 내게 가장 편한 신발로 바뀌어 있다. 공부법도 마찬가지다. 포기하지 않고 새롭게 알게 된 과목별 전략대로 공부를 한다면 어느새 편안한 공부법이 된다. 편안한 공부법이 되면 계속 그 전략에 맞게 공부를 하고 싶은 마음이 생긴다. 그런 마음이 생기면 조금씩 내 성적이 올라갈 것이다. 내 성적이 올라가는 것을 느끼면 자연스럽게 공부가 재미있어진다.

나 역시 처음에는 과목별 학습 전략에 맞게 공부하는 것이 무척 힘들었다. 나에게 익숙했던 공부법을 버리고 새로운 공부법으로 바꿔야 했기 때문이다. 공부법을 바꿨지만 처음에는 문제를 풀 때마다 비가 내렸다. 몇 달 동안 계속 내 문제집은 비가 하염없이 내렸다. 하지만 포기하지 않았다. 이 공부법을 놓치면 나는 성적을 올릴 수 있는 기회 또한 놓치는 것이기 때문이다.

그저 묵묵히 실천했다. 반복하고 또 반복했다. 비록 문제집에는 비가 내리고 있었지만, 나는 점점 새로운 공부법에 길들여졌다. 그리고 길들여지는 만큼 공부법이 편해지기 시작했다. 어느새 내 공부법이 됐다고 느껴지는 순간, 비가 내렸던 문제집에 동그라미가 조금씩 채워지기 시작했다. 그때의 그 기쁨은 이루 말로 표현할 수 없다.

실천을 통해 '공부'라는 옷을 내 몸에 입혀라

"아는 사람은 좋아하는 사람만 못하고, 좋아하는 사람은 즐겨하는 사람만 못하다."라는 말이 있다. 공자님이 하신 말씀이다. 공자님의 말씀 중 '즐겨한다.'는 말의 의미는 끊임없이 반복해서 실천한다는 것을 뜻한다. 과목별 학습 전략을 실천하지 못하는 것은 모르는 것만 못하다. 그렇기에 끊임없이 실천해야 한다. 내 몸에 완전히 배게 만들어야 한다.

공부가 재미있어지려면 항상 공부하기 전에 '목적의식'을 생각해야 한다. 방향을 먼저 잡은 후 공부를 시작하는 것이다. 국어 영역을 공부하려면 국어 영역 학습 전략이라는 목적의식을 생각한 후 국어 영역 공부를 해야 한다. 책의 표지를 본 순간 머릿속으로 국어 영역 학습 전략을 생각해야 하는 것이다.

방향을 먼저 잡고 난 후, 이제 국어 영역을 방향에 맞게 공부한다. 처음부터 방향을 잘 잡고 공부법을 실천하면 학년이 올라갈수록 성적이 오른다. 내 눈으로 성적이 올라가는 걸 보고 있으면 '공부'라는 것이 재미있어진다. 과목별 학습 전략을 잘 알고 있어도 성적이 바뀌지 않고 재미가 없다면 '목적의식'에 맞게 공부하고 있지 않기 때문이다.

성적을 올리고 싶으면 과목별 학습 전략을 실천해야 한다. 묻지도 따지지도 말고 그저 매일 반복하면 된다. 실천하면 되는 것이다. '새로운 공부법이 이제 내 것이 됐구나.'라는 느낌이 들 때까지 반복해서 실천해야 한다.

과목별 학습 전략을 꾸준히 실천해서 내 것으로 만들면 다른 공부를 할 때도 쉽게 전략을 파악할 수 있다. 과목에 맞는 전략을 반복해서 실천하면 학년이 올라갈수록 성적이 오른다. 학년이 올라갈수록 성적이 오른다는 말은 내가 효율적인 공부를 하고 있다는 증거다. 우리는 지금 수능을 향해 가는 여정을 밟고 있지만, 우리의 공부는 결코 수능에서 끝나지 않는다.

수능은 우리가 넘어야 할 첫 번째 산이고, 그 뒤로도 우리에게는 계속 넘어야 할 산이 있다. 하지만 걱정할 필요가 없다. 첫 번째 산을 잘 넘긴 친구는 두 번째 산도 걱정 없이 잘 넘을 수 있기 때문이다. 첫 번째 산을 넘어가는 과정에서 이미 공부가 재미있다는 것을 깨달았다. 공부가 재미있다는 것은 다음 산을 위한 학습 전략을 스스로 계획해서 실천할 수 있다는 긍정적인 신호다. 과목에 맞는 학습 전략을 소화했기 때문에 다음 단계에 있는 시험 또한 무난하게 잘 넘어갈 수 있다는 것이다.

수능을 보고 난 후, 교육대학교에 들어갔던 내겐 두 번째 산이 기다리고 있었다. 두 번째 산은 수능보다 훨씬 높은 산이었다. 바로 임용고시였다. 임용고시는 수능보다 더 많은 과목을 공부해야 했다. 하지만 두 번째 산은 두려움보다는 기대감이 더 강했다. 나는 이미 과목별 학습 전략을 내 것으로 만들었기 때문이다.

임용고시 준비에 필요한 많은 과목을 살펴보며 나는 당황하지 않았다. 수능의 첫 산을 잘 넘겼기 때문에 교과를 살피며 어떻게 공부를 할지 학습 전략을 짰다. 첫 산을 넘는 과정에서 나는 공부에 재미를 느꼈다. 그래서 두 번째 산도 공부하는 과정에서 재미를 느낄 수 있었다.

학창 시절 공부에 대해 어떻게 생각하는가는 매우 중요하다. 수능이 지나고 난 뒤에 일어날 수많은 공부에 많은 영향을 끼치기 때문이다. 학창 시절 공부에 재미를 느낀 친구는 두 번째 공부도 재미있게 할 수 있다. 하지만 학창 시절 공부에 흥미를 느끼지 못하고 좌절한 친구는 두 번째 공부 역시 시작하기도 전에 이미 두려움에 떨게 된다. 우리가 교과별 학습 전략을 꾸준히 실천해야 하는 이유는 공부에 재미를 붙이기 위해서다.

머리가 영특한 사람만이 천재로 불리는 건 아니다. 꾸준히 노력하는 사람 역시 노력의 천재라고 불리는 것이다. 노력의 천재가 되면 공부가 재미있어진다. 당신 또한 노력의 천재가 돼라. 노력의 천재가 되는 순간 앞으로 다가올 수많은 산을 즐겁게 웃으며 넘을 수 있을 것이다.

핵심노트 ⑥ 이것만은 꼭 기억하자!

혼공의 막강한 무기, 자투리 시간을 잘 활용하자!

1. 영어 단어를 반복해서 읽자

영어 단어는 따로 시간을 내서 공부하는 것이 아니다. 자투리 시간을 활용해서 틈날 때마다 반복해서 읽는 것이다. 자투리 시간이 생길 때마다 영어 단어를 반복해서 읽는 습관을 들이자. 동사를 위주로 읽으면, 영어 지문을 해석하는 데 많은 도움이 된다.

2. 건강을 위한 스트레칭과 운동을 하자

우리의 뇌가 소프트웨어라면 우리의 신체는 하드웨어다. 하드웨어가 건강해야 소프트웨어가 제 역할을 해낸다. 아무리 소프트웨어가 훌륭하다 할지라도, 하드웨어가 따라주지 않으면 아무 소용이 없다. 그러므로 하루에 최소 30분은 스트레칭이나 가벼운 운동을 하도록 하자. 굽은 등을 펴는 스트레칭, 가벼운 걷기 등은 계속해서 혼공을 할 수 있는 힘을 준다.

3. 모르는 문제를 멘토에게 물어보자

자투리 시간은 모르는 문제를 멘토에게 물어보는 시간이다. 잘 이해되지 않은 개념, 혹은 어려운 문제가 있다면 자투리 시간을 활용해서 멘토에게 물어보자.

4. 나의 뇌를 쉬게 하자

종일 공부를 하면 우리의 뇌 역시 그만큼 지친다. 그렇기 때문에 자투리 시간을 활용해서 나의 뇌를 쉴 수 있게 해줘야 한다. 가만히 눈을 감고 명상을 하거나 내가 좋아하는 노래를 듣는 것도 많은 도움이 된다. 최소 10분 이상의 자투리 시간을 활용해서 나의 뇌를 쉬도록 하자.

5. 마음을 다스리는 시간을 갖자

혼공을 하면 내 마음을 잘 다스려야 한다. 내 마음을 잘 다스리지 못하면 공부보다 감정이 앞서게 된다. 감정이 앞서면 나의 뇌는 제 기능을 하지 못한다. 집중력이 떨어지고, 자꾸만 그 감정과 관련된 잡념이 생긴다. 그렇기 때문에 공부를 할 때, 내 마음을 잘 다스리는 일은 매우 중요하다. 자투리 시간을 활용해서 내 마음을 다스리는 시간을 갖도록 하자. 그래서 혼공을 쭉 이어갈 수 있는 마음의 힘을 탄탄하게 만들자.

“

밥 먹고 간식 먹고 후식 먹는 것처럼
공부를 하게 되는 것이다.
공부가 나의 일상이 되면 나의 잠재의식은
이렇게 생각한다.
‘공부는 밥 먹는 것처럼 그냥
내가 무조건 매일 해야 하는 것이구나.’라고
말이다.

”

가장 현실적이고 가장 실천하기 쉬운 혼자 공부법

Chapter 4

1

초보 혼공을 위한 첫걸음, 마음 다스리기

우리는 자신을 이김으로써 스스로를 향상시킨다.
싸움은 반드시 존재하고, 거기서 반드시 이겨야 한다.
– 에드워드 기번

혼공 시작은 자신의 마음을 다스리는 것이다

이솝 우화 '거북이와 독수리' 줄거리다. 육지에 살고 있는 거북이는 수영을 하지 못했다. 수영을 못하는 거북이는 늘 반대편 호숫가에 가고 싶다는 간절한 꿈이 있었다. 그 꿈을 이루기 위해 고민하던 중 거북이는 하늘을 멋지게 날고 있는 독수리를 발견했다. 독수리의 도움을 받으면 꿈을 실현할 수 있을 것만 같았다. 거북이는 독수리에게 태워줄 것을 부탁하고, 독수리는 흔쾌히 수락했다. 거북이는 독수리의 발톱에 나뭇가지를 걸었다. 그 후, 떨어지지 않게 입으로 나뭇가지를 꼭 물었다. 거북이는 하늘을 날며 자신이 그토록 바라던 반대편 호숫가로 점점 가까워지고 있음을 느낄 수 있었다. 호숫가가 가까워지자, 거북이를 태워 준 독수리가 갑자기 거북이의 기분을 상하는 말을 내뱉었다.

"넌, 겁이 많아. 그러니까 항상 등껍질 속에 숨어 있지. 그리고 너는 왜 이렇게 느려?"

이 말에 화가 난 거북이는 자신의 마음을 다스리지 못하고 그만 입을 열었다. 화라는 감정이 나와서 그 순간 자신의 간절한 꿈을 놓친 것이다. 그렇게 입을 연 거북이는 결국 호수를 향해 떨어져 죽고 말았다. 거북이는 자신의 마음을 다스리지 못했다. 그 결과, 그토록 바라던 반대편 호숫가에 끝내 가지 못했다.

거북이의 꿈은 간절했다. 반대편 호수를 바라볼 때마다 그곳에 있을 자신을 상상했다. 언젠가는 그곳에 간다는 믿음으로 말이다. 거북이는 그 믿음을 현실화하려면 자신의 마음을 다스려야만 했다. 이렇게 자신의 마음을 다스리는 일은 매우 중요하다. 특히 혼공을 시작한 우리는 더욱 내 마음을 다스릴 줄 알아야 한다. 만일 지금 당신의 모습이 거북이와 비슷하다면 당장 오늘부터 마음을 다스리려고 노력해야 한다. 그렇지 않으면 애써 높이 올렸던 당신의 성적을 거북이가 입을 벌린 것처럼 한 순간 낭떠러지로 떨어트리게 할 수도 있다.

공부는 나와의 싸움이기도 하지만 때로는 누군가와의 싸움이기도 하다. 우리는 공부를 할 때 누군가가 내뱉은 말에 상처를 받기도 한다. 때로는 드림 킬러의 부정적인 공격에 나의 하루 공부가 무너지게 되는 경우도 있다. 나와의 싸움에서도 마찬가지다. 공부를 하면 자신도 모르게 나와 타협하고 싶은 마음이 자꾸만 생긴다.

목표한 시간까지 공부를 하지 않으려고 하고, 자꾸만 딴생각을 하려고 한다. 문제가 풀리지 않거나 개념이 어려운 날은 이런 나의 유혹이 더욱 나를 힘들게 한다. 그렇다고 당신은 이럴 때마다 마음에 질질 끌려 다니며 공부를 포기할 것인가? 누군가의 말 한마디에, 그리고 나와의 타협으로 성적을 올리지 않을 것인가?

공부를 할 때 내 마음을 다스리는 일은 매우 중요하다. 내 마음을 잘 다스려야 나의 감정을 제대로 파악할 수 있다. 나의 감정을 잘 파악하면 나는 주로 어떤 상황에서 어떤 감정을 느끼는지 금방 파악할 수 있다. 만일 누군가의 말에 금방 상처를 받는다면 그 상황을 만들지 않으면 된다. 내 마음을 다스리며 철저히 그 상황을 차단하면 되는 것이다.

상황을 차단하면서 내 마음을 잘 다스리면 어느새 그 상황이 닥쳐도 예전보다 더 굳건하게 버티는 내 모습을 발견할 수 있다. 특히 공부를 할 때는 자기 제어 기능이 중요하다. 누군가로 인해 내 마음이, 내 감정이 휘둘리지 않게 조절하는 기능이 중요한 것이다.

마음을 다스리는 방법은 속대화를 많이 하는 것이다. 혼공을 할 때, 먼저 나라는 사람이 어떤 사람인지를 파악하는 것은 매우 중요하다. 내가 나를 모르면 나는 주로 어떤 상황에서 어떤 기분을 느끼는지 파악할 수 없기 때문이다. 나에게 주로 느껴지는 감정, 그리고 그 감정이 주로 어떤 상황에서 자주 나오는지를 파악해야 공부를 지속할 수 있다.

나는 나와의 속대화를 통해 내가 울적하다는 느낌을 많이 받는다는 것을 알게 됐다. 그리고 집에 있을 때 울적함을 많이 느낀다는 것도 알 수 있었다. 내 마음을 다스리려면 나는 나의 울적한 마음을 없애야 했다. 이 마음을 지속시키면 공부를 제대로 할 수 없기 때문이다. 방법은 간단했다. 집에 있을 때 울적한 마음을 느끼니 집을 나가면 됐다.

내가 향한 곳은 도서관이다. 도서관의 침묵은 집안의 침묵과는 달랐다. 어두운 침묵이 아닌 꿈을 향한 침묵이었다. 침묵 속에 꿈을 향한 펜소리가 들리면 무척 설레었다. 도서관에 오면 내 마음이 설레고, 내 꿈을 향한 간절함이 생겼다.

나는 이런 내 마음을 계속 다스렸다. '도서관이라는 곳은 나의 마음을 설레게 하는 곳이다.' 라고 말이다. 아침에 도서관을 향해 갈 때도 설렘으로 다스렸고, 집으로 돌아갈 때도 설렘으로 다스렸다. 그렇게 내 마음을 다스렸더니 놀라운 일이 일어났다. 시간이 지날수록 집에 있는 내 모습보다 도서관에 앉아 있는 내 모습이 좋아졌다. 설렘이 커질수록 주말에 도 도서관에 가고 싶은 마음이 생겼다.

그렇게 나는 도서관에서 내 마음을 다스렸다. 내 마음을 잘 다스렸더니 집에 있으면 도서관의 침묵이 사무치게 그리웠다. 그래서 나는 자연스럽게 일요일에도 도서관을 향하게 됐다. 그 곳은 항상 설렌 마음으로 앉아있는 내 모습이 있었다. 그리고 다른 사람들의 꿈을 향한 펜 소리가 기분 좋게 들렸다.

나에 대한 믿음은 마음에서 시작한다

마음을 잘 다스려야 나에 대한 믿음이 강해진다. 도서관을 향했던 나의 설렘이 결국 나를 향한 믿음으로 변해갔다. 믿음이 생기니 나의 꿈을 이룰 수 있을 것 같았다. 오직 나를 위한 내 편이 돼야겠다는 믿음이 강해졌다. 그리고 그 믿음은 무슨 일이든 해낼 수 있다는 강한 확신으로 바뀌었다.

공부를 할 때는 나의 마음을 오로지 내 편으로 만들어야 한다. 그 누구의 말에도 흔들리지 않고 오직 내 믿음이 정답이라는 신념으로 공부를 할 수 있게끔 말이다. 오직 나의 입장에서 나를 생각하고 나를 진심으로 위하는 사람은 내 마음 뿐이다. 내 마음을 잘 다스리며 공부를 하면 공부가 즐거워진다. 공부를 즐기게 되는 것이다. 공부를 즐기게 되면 공부를 하는 과정에서 행복과 만족을 얻게 된다. 공부와 관련된 모든 것이 즐거워지면 학년이 올라갈수록 나의 성적은 오른다.

나의 마음을 잘 다스리면 어떤 상황에서도 차분함을 잃지 않는다. 누군가의 말에 휘둘리지 않고, 나와의 싸움에서도 항상 승리하게 된다. 나의 마음을 다스리는 방법은 다양하다. 평소 음악을 들어야만 기분이 좋아졌다면, 좋아하는 음악을 들으며 나의 마음을 잘 다스리면 된다.

책을 읽는 것을 좋아한다면 마음과 관련된 책을 꾸준히 봐야 한다. 그리고 내 마음에 와 닿는 문장을 수첩에 적어서 매일 보면 된다. 문장을 보는 순간 나의 마음을 다스리고 있는 것이다. 이렇게 나의 마음을 잘 다스리다 보면 어느새 내 마음에 차분함이라는 것이 들어온다. 차분함이 들어오면 기쁜 일이 생겨도 크게 기뻐하지 않게 된다. 화가 나는 일이 생겨도 크게 동요하지 않는다. 속상한 일이 생겨도 종일 울적하지 않고 평정심을 유지한다.

결국 내 마음을 다스리는 이유는 내 마음의 차분함을 얻기 위해서다. 공부를 할 때는 집중력이 필요하다. 집중력이 생기지 않으면 아무리 오랜 시간 의자에 앉아 있어도 무엇을 공부했는지 제대로 파악할 수 없다. 그만큼 공부를 할 때는 집중력이 중요한 것이다. 그 집중력은 바로 내 마음의 힘에서 나온다. 내 마음의 차분함에서 나오는 것이다. 어려운 문제에 직면할수록, 어려운 개념을 공부할수록 우리는 내 마음의 차분함을 극도로 요구한다. 그러니 내 마음의 차분함을 유지하기 위해서는 항상 내 마음을 잘 다스릴 줄 알아야 한다.

내 마음에 집중해야 내 공부 자세가 눈에 들어오고 내 공부 자세가 눈에 들어오면 공부하려는 행동에 집중을 하게 된다. 그만큼 내 마음을 먼저 다스리는 일은 매우 중요하다. 공부를 하게끔 만드는 행동을 만드는 것은 결국 내 마음에서 시작된다. 내 마음에 집중하고 내 마음을 잘 다스리는 순간, 차분함이 생기고 그 차분함이 결국 나의 성적을 끌어올릴 것이다.

2

초보 혼공을 위한 두 번째 걸음, 혼공 드림 킬러 차단하기

위대한 이들은 목적을 갖고, 그 외의 사람들은 소망을 갖는다.
– 워싱턴 어빙

드림 킬러, 내 꿈을 갉아먹는 존재다

2006년 8월, 나는 땀을 뻘뻘 흘리며 도서관을 가고 있었다. 3월부터 시작한 혼공 여정이 어느덧 절반 이상을 지났다. 나는 한여름 무더위와 싸우며 힘겹게 다음 여정을 향해 지나가고 있었다. 한참 도서관을 향해 가고 있는 도중, 나는 동네 아주머니 한 분을 만났다.

"안녕하세요."
"응 그래, 지영이구나. 학교 자퇴했다면서? 근데 너 혼자서 공부하니?"
"네, 도서관 다니면서 공부하고 있어요."

"아이고, 혼자 공부한다고 어떻게 성적이 올라가니? 재수 학원에 다녀야지. 나는 혼자 공부해서 성적 잘 받았다는 애는 여태껏 한 번도 못 봤다."

나는 아침 일찍부터 드림 킬러를 만났다. 3월 혼공을 막 시작했을 때 이 아주머니를 만났다면 나는 종일 공부를 못 했을 것이다. 아마 드림 킬러의 에너지에 압도당해 공부를 망쳤을 것이다. 도서관 의자에 앉아 '진짜 성적을 못 올리면 어떡하지? 생각해보면 혼자 공부해서 성적 올렸다는 친구는 못 본 것 같은데.'라는 생각을 하며 종일 고민에 휩싸였을 것이다. 하지만 8월의 나는 3월의 내 모습이 아니었다. 나는 내면의 힘을 키웠고 그만큼 나는 드림 킬러의 말에도 어떠한 흔들림 하나 없었다. 그래서 나는 8월에 만난 드림 킬러를 대수롭지 않게 넘길 수 있었다.

유독 만나면 만날수록 내 기분이 울적해지고 힘이 쭉 빠지는 것 같은 느낌을 주는 사람들이 있다. 또한, 만난 순간부터 헤어지는 그 순간까지 부정적인 말을 내뱉는 사람들이 있다. 이런 사람들을 만나고 나면 엄청난 피로감을 느낀다. 이 종족을 우리는 드림 킬러라고 부른다. 드림 킬러의 특징은 일단 마음이 불행한 사람이다. 눈에 보이지 않는 그들만의 기운으로 우리의 긍정 에너지를 빨아들인다. 내게서 흡수한 긍정 에너지는 그들의 부정 에너지를 더욱 증폭시킨다. 증폭시킨 에너지만큼 나를 더 짓누르고, 내가 그 에너지에 굴복당하는 순간 그들은 희열을 맛본다.

당신 주변에도 분명 드림 킬러가 존재한다. 드림 킬러는 반드시 차단해야 한다. 당신이 드림 킬러를 차단하지 못하면 1년간의 혼공이 무척 어려워진다. 특히 나의 내면의 힘이 약할수록 그들과의 만남 자체를 없애야 한다. 설령 그들이 내 가족 구성원 중 일부라고 해도 철저히 차단해야만 한다. 불행에 익숙해진 드림 킬러는 누군가의 행복을 극도로 싫어한다. 그래서 자신과 같은 종족으로 바뀌길 원한다. 행복한 삶이 아닌 그들처럼 불행한 삶의 길로 가기를 원한다.

드림 킬러는 불행이라는 씨앗을 뿌리는 '불행 농부'인 것이다. 그들이 뿌린 씨앗이 안타깝게도 내 마음에 심어진다면, 행복을 꿈꿨던 나의 목표가 갑자기 불안으로 바뀌기 시작한다. 그리고 끊임없이 그 목표를 이룰 수 없는 이유를 생각하게 만든다. 내 마음에 불행의 씨앗이 싹 트기 시작한 것이다. 그리고 싹을 틔운 불행은 내가 부정적인 생각을 하면 할수록 더욱 강하게 자란다. 꽃을 피우고 열매를 맺게 되면, 아마 나 역시 불행의 길로 가고 있을 것이다.

내 삶의 주인은 드림 킬러가 아니다. 바로 나 자신이다. 그렇기에 누군가의 한마디로 내 인생의 판을 불행의 길로 바꿔서는 안 된다. 그들은 내가 그 목표를 얼마나 열망하고 있는가를 시험하는 대상이다. 그러니 드림 킬러의 말 한마디에 절대 굴복당해서는 안 된다. 드림 킬러와의 만남 자체를 완벽하게 차단한 후, 오로지 간절한 꿈을 향한 나의 길을 바라보며 걸어가야 한다.

잠시 드림 킬러의 말에 압도당해 학창 시절을 불행하게 살았던 한 남성이 있다. 하지만 그는 드림 킬러를 완벽히 차단한 후, 인생이 달라졌다. 백만장자 동기 부여가로 성공한 것이다. 바로 『꿈을 실현하라(Live your dreams)』의 저자인 미국 동기 부여가 '레스 브라운'이다. 레스 브라운은 어렸을 적 역대급 드림 킬러 선생님을 만났다. 드림 킬러 선생님은 그에게 항상 "학습 부진아"라는 말을 내뱉었다. "학습 부진아"라는 말을 들으면 들을수록 그의 마음에는 부진아 씨앗이 싹텄다. 온 마음에 부진아 열매가 자란 그는 고등학생 시절까지도 자기 스스로를 그렇게 부진아로 취급하며 살았다.

고등학생이 된 후, 레스 브라운은 부진아 열매를 단칼에 잘라 준 선생님을 만나게 됐다. 항상 의욕 없이 무기력한 레스 브라운을 향해 그 선생님은 말했다. "누군가의 의견이 네 인생이 되어서는 안 되네." 이 말을 듣고 그는 뜨거운 눈물을 흘렸다. 마음 속 부진아 열매가 사라지니 그의 마음은 꿈을 향해 굶주렸다. 마음의 배가 고플수록 극도로 굶주린 마음에는 DJ가 되고 싶다는 강한 꿈이 솟았다. 강한 꿈은 그의 내면을 강하게 만들었다. 그의 강한 내면은 그가 더 이상 드림 킬러의 말에 현혹되지 않게끔 만들었다. 그 결과 그는 DJ 꿈을 이루었고 백만장자 동기 부여가로 성공한 것이다.

누군가의 의견이 내 인생이 되어서는 안 된다

현재 공부를 포기했거나 공부에 아무런 의욕이 없는가? 그렇다면 어린 시절의 레스 브라운처럼 당신도 드림 킬러의 말에 압도당했는지 진지하게 고민해야 한다. 그런 후 자신에게 반드시 외쳐야 한다. "누군가의 의견이 내 인생이 되어서는 절대 안 된다." 여러분의 인생은 여러분의 것이다. 누군가의 한마디에 내 인생을 맡길 수는 없는 것이다. 우리 모두는 이 삶의 주인이 되기 위해 태어났다. 이 세상에 나와 똑같은 사람은 단 한 명도 없다.

공부할 때는 철저히 나만 생각해야 한다. 이 세상의 주인은 나라는 마음으로 공부를 해야 한다. 드림 킬러가 나의 공부에 대해 왈가왈부를 할지언정 나는 절대 휘둘리지 말아야 한다. 지금 동네 개가 짖는가 보다 하고 무심히 넘겨야 한다. 무심히 넘기지 못하겠다면 처음부터 드림 킬러인 사람들을 확실히 차단해야 한다. 나의 아까운 시간을 할애하면서까지 그들을 만날 필요가 없다.

드림 킬러는 나에게 독이 되는 사람들이다. 그들은 나의 행복을 원하지 않는다. 학년이 올라갈수록 나의 성적이 올라가는 것을 보면 시기 질투하는 자들이다. 그들에게 아량을 베풀수록 나에게 돌아오는 것은 무기력감이다. 그들은 나를 무기력하게 만든다. 공부를 지속할 수 없게끔 나를 무기력하게 만들고 피곤하게 만드는 자들이다. 그러니 절대로 내 인생을 그들의 말에 맡겨서는 안 된다.

하지만 때로는 드림 킬러도 긍정의 효과를 발휘할 때가 있다. 전제 조건은 나의 내면의 힘이 강해야 한다는 것이다. 내면의 힘이 강해진 후 만나는 드림 킬러는 때로는 긍정의 자양분이 될 수 있다. 내면의 힘이 강해지면 그들이 나를 향해 쏟아내는 말이 이렇게 들린다. '지금 내가 처한 현실에 계속 머물러서는 안 된다. 잠시 잘하고 있다고 자만했던 내 마음을 혼내야겠구나.' 하며 나를 채찍질하는 소리로 들린다. 잠시 식어가던 내 간절함을 다시 끌어올리는 고마운 소리다. 내면의 힘이 강하면 드림 킬러의 말에 결코 굴복당하지 않는다. 오히려 더 열심히 살아야겠다는 긍정의 메시지로 들린다.

혼공을 시작하면 내 주위 많은 사람들의 말을 듣게 된다. 그중 대부분은 드림 킬러의 말이다. 그들은 당신의 성공을 원하지 않는다. 철저히 당신의 실패를 바랄 뿐이다. 그들은 당신이 실패한 뒤 그들에게 다가와 위로받기를 원한다. 당신의 실패에 행복감을 느끼는 사람들이다. 당신의 인생은 당신의 것이다. 그러니 혼공을 하며 성적을 올리려면 반드시 드림 킬러를 철저히 차단해야 한다.

3

초보 혼공을 위한 세 번째 걸음, 시간 똑소리 나게 활용하기

성공하기까지는 항상 실패를 거친다.
– 미키 루니

혼공 CEO가 돼서 시간을 낭비하지 말자

성공한 CEO의 대부분은 어떤 공통점을 갖고 있을까? 바로 시간을 똑소리 나게 활용한다는 것이다. 그들은 아침에 눈 뜬 순간부터 밤에 잠들기 직전까지 1분 1초도 허투루 쓰지 않는다. 항상 일의 우선순위를 생각하고, 일을 진행하면서도 그다음 일을 머릿속으로 기억하고 있다. 낭비하는 시간을 만들지 않는 게 그들의 철저한 원칙이다. 지금 당신은 초보 혼공자이지만, 시간을 똑소리 나게 잘 활용하면 고수의 경지까지 갈 수 있다. 그러니 당신도 혼공 CEO가 돼서 시간을 알차게, 똑소리 나게 활용해야 한다.

시간을 똑소리 나게 활용하려면 제일 먼저 해야 할 일은 나의 기상 시각과 수면 시각을 정하는 것이다. 반드시 기상 시각과 수면 시각을 먼저 정하는 것이 과목 시간 분배보다 우선시 되어야 한다. 내가 몇 시간을 자야 최상의 공부 컨디션이 종일 유지되는지 아는 것이 중요하기 때문이다. 일단 혼공 첫날은 나의 평소 수면 시간처럼 잠을 잔 후 일어난다.

평소 수면 시간이 6시간이라면, 일단 6시간만 자고 일어나는 것이다. 만일 6시간 수면이 나의 공부 컨디션에 좋지 않다면 시간을 더 늘려야 한다. 매일 30분씩 수면 시간을 늘려보고 나의 공부 컨디션에 적합한 시간을 찾으면 된다. 최상의 컨디션은 종일 혼공을 이어갈 수 있게 만들어준다. 그러므로 최상의 컨디션인 수면 시간을 반드시 알아야 한다. 최상의 컨디션인 수면 시간을 알았다면 수능을 보기 전날까지 꾸준히 그 수면 시간을 유지해야 한다. 우리의 뇌는 우리가 잠을 자는 동안 하루 공부를 정리하는 귀중한 시간이니 반드시 잘 유지하도록 한다.

시간을 똑소리 나게 활용하려면 공부 시작 시각을 정한 후, 공부 전 10분 동안 나의 뇌를 깨워야 한다. 예전에 TV 프로그램을 보던 중 뇌와 관련된 다큐멘터리를 시청한 적이 있다. 다큐멘터리의 내용은 10분이라는 시간을 활용해 잠자고 있는 뇌를 깨우면 뇌의 집중력이 훨씬 좋아진다는 것이었다.

그 시간은 짧게 느껴진다. 하지만 10분을 잘 활용하면 나의 뇌의 능력을 극대화할 수 있다. 실제로 대구의 한 초등학교는 3~6학년 학생들을 대상으로 아침마다 10분씩 수학 문제를 풀게끔 했다. 그 결과 전체 학생의 90%가 수리능력 인증제 평가에서 1~3등급이라는 우수한 성적을 거둘 수 있었다. 하루 10분 수학 문제를 풀었더니 뇌의 집중력이 좋아진 것이다. 이렇게 10분이라는 시간을 잘 활용하면 하루 공부를 집중력 있게 시작하고 집중력 있게 마무리 지을 수 있다. 즉, 10분을 활용해 나의 뇌가 깨어난 상태로 공부를 해야 효율적인 공부가 될 수 있다는 말이다.

실제로 나는 하루 혼공을 시작하기 전 10분 동안 영어 듣기를 했다. 가끔씩 더 집중하기 위해 영어 듣기의 배속을 빠르게 듣기도 했다. 빠르게 하면, 귀에 잘 들리지 않는 영어 단어를 듣기 위해 계속 집중해서 들을 수밖에 없었다. 이렇게 10분 동안 영어 듣기를 하고 난 후 공부를 시작하면, 공부 집중이 훨씬 잘 되는 것을 느낄 수 있었다.

10분을 잘 활용하여 나의 뇌를 깨웠으면, 이제 나의 하루 혼공 시간을 정해야 한다. 나에게 무리가 되지 않을까 싶을 정도로 시간을 정해야 한다. 그래야 어떻게든 그 시간을 지키기 위해 노력하기 때문이다. 처음부터 적은 시간을 기준으로 정해놓으면, 내 몸이 그 시간에 적응이 돼서 시간을 늘리기가 힘들다. 어떤 친구들은 하루에 18시간도 공부한다. 그러니 나 역시 그 시간이 최대 공부 시간이라는 마음으로 나의 혼공 시간을 정해야 한다.

나는 하루에 13시간을 공부했다. 그리고 매일 그 시간을 지키기 위해 노력했다. 처음에는 13시간을 지키는 게 많이 힘들었다. 그래도 나와의 약속이기 때문에 집중이 잘 안 되면 잠시 눈을 감고서라도 의자에 13시간 앉아 있기를 지켰다. 혼공은 나와의 싸움이다. 그리고 그 싸움의 승자 역시 반드시 나여야만 한다. 혼공은 나를 뛰어넘기 위해 내가 스스로 계획하고 준비하고 행동하는 것이다. 그러므로 처음 지킨 혼공 공부 시간만은 반드시 지켜야 한다. 혼공은 나에게 인색해야 한다. 몸이 아픈 날도 마찬가지다. 아프다는 이유로 나와 타협해서는 안 된다. 잠시 병원에 갔다 올지라도 아픈 몸을 이끌고 꼭 의자에 앉아 있어야 한다. 혼공을 시작하기로 마음먹은 이상 철저히 독하고 강해져야만 한다. 그래야만 빛나는 나의 성적표를 만날 수 있기 때문이다.

하루 혼공 시간을 정했다면 이제 과목별로 몇 시간씩 공부할지 정해야 한다. '국어 영역, 수리 영역, 외국어 영역, 사탐/과탐 영역' 총 이렇게 4개의 영역이 있다. 이 4개의 과목을 가장 어려운 교과부터 차례대로 나열해본다. 차례대로 나열한 후 교과마다 몇 시간씩 공부할지 정하는 것이다.

나의 혼공 공부 시간은 13시간이었다. 나는 수리 영역–국어 영역–외국어 영역–사탐 영역의 순서로 나열했다. 그 후, 수리 영역 5시간, 국어 영역 2시간, 외국어 영역 2시간, 사탐 4시간이라는 교과 분배 시간을 정했다. 하지만 여기에서 끝나면 안 된다.

교과별로 나눴으니 이제 각 교과의 영역별로 시간을 상세하게 나눠야 한다. 국어 영역의 비문학이 취약하다면 국어 영역의 4시간 중 대부분의 시간은 비문학을 공부하는 데 투자해야 한다. 이렇게 해야 똑소리 나게 시간을 나누면서도 효과적으로 공부를 할 수 있다.

혼공 자투리 시간을 철저하게 계획하라

과목별 공부 시간을 나눴으면 이제 자투리 시간을 언제 줄지 정해야 한다. 혼공을 할 때 자투리 시간은 매우 중요하다. 그 시간은 모르는 문제를 멘토에게 질문하거나 혹은 잘 풀리지 않은 문제를 계속 생각할 수 있는 시간이기도 하다. 때로는 나의 뇌를 쉬게 하는 시간이기도 하다. 자투리 시간 역시 똑소리 나게 나눠야 한다. 멘토에게 물어보는 시간, 나의 뇌를 쉬게 하는 시간, 영어 단어를 반복해서 읽는 시간, 나의 몸을 위해 투자하는 시간으로 체계적으로 나눠야 한다.

평일에는 고등학교에 가기 때문에 굳이 자투리 시간을 따로 정하지 않아도 된다. 1교시부터 9교시 사이의 쉬는 시간이 나의 자투리 시간이기 때문이다. 하지만 주말에는 학교에 가지 않는다. 그러니 내가 스스로 주말 자투리 시간을 정해줘야만 한다. 총 몇 번의 자투리 시간을 줄 것이며 그 시간은 몇 분인지, 그리고 그 시간마다 무엇을 위한 자투리 시간인지를 구체적이고 명확하게 정해야한다.

나는 혼공을 할 때 나에게 총 5번의 자투리 시간을 만들어줬다. 도서관을 오가는 자투리 시간은 내가 좋아하는 음악을 들으며, 마음을 다스리는 시간이었다. 점심을 먹는 40분은 영어 단어를 반복해서 읽는 자투리 시간이었다. 그리고 점심 후 15분은 나의 뇌를 쉬게 하는 자투리 시간이었다. 나는 이 시간에 커피를 마시며 내가 좋아하는 책이나 내 마음에 와 닿는 문장을 읽었다. 또한 뇌를 쉬게 하는 자투리 시간은 반드시 만들어야 한다. 쉬지 않고 계속해서 뇌를 사용한다면 혈액순환이 잘 되지 않기 때문이다.

쉬지 않은 뇌는 결국 오후가 되면 통증이 밀려온다. 주로 두통이 생기거나 눈의 피로가 몰려온다. 그러니 뇌가 쉴 수 있는 자투리 시간을 꼭 만들어야 한다. 저녁 8시까지 도서관에서 공부하고 집에 도착하면 시각은 8시 10분정도였다. 그때부터 20분 동안은 운동 자투리 시간을 만들어서 훌라후프를 20분 동안 돌렸다. 종일 앉아만 있었으니 배가 더부룩했기 때문이다. 그런 후, 저녁밥을 먹으며 몰랐던 문제를 멘토에게 물어보거나, 물어볼 일이 없는 날은 영어 단어를 반복해서 읽는 자투리 시간을 만들었다. 이렇게 5번의 자투리 시간을 만들고 난 후, 나에게 있어 아까운 시간을 함부로 버리는 일은 생기지 않았다.

초보 혼공자에게는 시간 관리가 생명이다. 나와 약속한 시간을 잘 지킨다면 이미 혼공의 반은 성공한 셈이다. 성공한 사람치고 게으른 사람이 없으며, 시간을 허투루 쓰는 사람 또한 없다. 당신이 혼자 공부로 성공하기 위해서는 반드시 시간 관리를 잘 해야 한다. 혼공 CEO의 마음으로 CEO 겸 하나뿐인 직원인 당신을 잘 다스리자.

4

초보 혼공을 위한 네 번째 걸음, 밥 먹고 후식 먹고 간식 먹듯 공부하기

게으름은 즐겁지만 괴로운 상태다.
우리는 행복해지기 위해선 무엇인가 하고 있어야만 한다.
– 마하트마 간디

공부, 나의 무의식까지도 일상으로 만들어라

당신은 '에스키모' 하면 무엇이 먼저 떠오르는가? 새하얀 눈, 털모자를 쓴 사람들, 썰매를 끄는 시베리아 허스키를 떠올릴 것이다. 흔히 우리는 이곳에 사는 원주민을 '에스키모인'이라고 부르지만 그들은 에스키모라고 불리는 것을 좋아하지 않는다. 에스키모는 '날고기를 먹는 사람'이라는 뜻을 갖고 있기 때문이다. 그래서 그들은 '인간'이라는 뜻을 갖고 있는 이누이트라는 말을 활용하여 이누이트족이라고 불린다.

이누이트는 온통 하얀눈으로 뒤덮인 에스키모를 바라보며 단지 '하얀색'이라는 한 가지 색으로만 규정하지 않는다. 그들은 하얀 눈을 바라볼 때 무수히 많은 하얀색을 본다. 빛나는 하얀색, 잿빛 하얀색, 천상의 하얀색, 새끼 곰 하얀색 등 다양하다. 즉, 우리가 생각하는 하얀색이 이들에게는 40가지가 넘는 이름으로 불리는 것이다.

하얀색 색깔을 가진 눈이 어떻게 그들에게는 40가지가 넘는 다양한 색으로 불릴 수 있을까? 그것은 바로 계속해서 하얀 눈을 바라봤기 때문이다. 매일 그들이 보는 것은 하얀 눈이다. 하얀 눈을 밥 먹고 쳐다보고, 후식 먹고 쳐다보고, 간식 먹고 쳐다봤을 것이다. 종일 집중해서 하얀 눈을 본 것이다. 하얀 눈을 보는 생활이 매일 지속되다 보니 이누이트족은 하얀 눈도 다양한 빛을 내뿜고 있다는 것을 깨달았을 것이다. 그렇게 해서 우리가 생각하는 하얀색이 40가지가 넘는 다양한 색깔로 불릴 수 있는 것이다.

혼공을 시작했으면 이누이트족이 하얀 눈을 바라보듯 당신 또한 그렇게 책을 바라봐야 한다. 40가지가 넘는 색깔을 찾는 것처럼 그렇게 집중해서 책을 바라보고 또 바라봐야 한다. 어떤 깨달음의 경지에 다다를 때까지 책을 보고 있어야만 한다. 우리가 밥을 먹고 후식을 먹고 간식을 먹는 것처럼 그렇게 종일 공부하고 있어야 한다는 말이다. 공부로 내 배가 부를 정도로 책을 쳐다보며 공부를 해야 한다.

우리가 밥 먹고 간식 먹고 후식 먹는 것처럼 공부를 해야 하는 이유는 공부를 일상으로 만들기 위함이다. 혼공을 시작했으면 마음을 단단히 먹어야 한다. 따로 시간 내서 공부하는 것은 공부가 아니다. 나의 모든 시간을 공부에 투자해야 한다. 우리는 생각 없이 밥을 먹고 또 생각 없이 간식을 먹는다. 우리가 밥을 먹는 것은 본능이다. 나의 배에서 배고프다는 신호를 주기 때문에 본능적으로 밥을 먹는 것이다.

공부도 마찬가지다. 자꾸 의식적으로 공부를 해야겠다는 마음을 먹으면 스트레스를 받게 된다. 스트레스를 받게 되면 당연히 공부가 잘 될 리 없다. 자꾸 다른 생각만 들고, 왜 혼공을 하고 있는지 그 목적을 생각하지 못한 채 자신의 처지만 한탄하게 된다. 이런 마음이 들면 학년이 올라갈수록 성적이 오르지 않는다.

그러니 공부 역시 배가 고파서 밥을 먹는 것처럼 무의식적으로 내 몸에서 공부 습관이 나오게끔 만들어야 한다. 무의식적으로 공부를 하려면 반복만이 답이다. 매일 반복해서 나의 모든 시간을 공부하는 데 써야 한다. 매일 반복해서 하다 보면 자신도 모르게 공부를 무의식적으로 하게 된다. 밥 먹고 간식 먹고 후식 먹는 것처럼 공부를 하게 되는 것이다. 이렇게 공부가 나의 일상이 되면 나의 잠재의식은 이렇게 생각한다. '공부는 밥 먹는 것처럼 그냥 내가 무조건 매일 해야 하는 것이구나.'라고 말이다.

고수 혼공의 길은 밥 먹듯이 공부하는 것이다

밥 먹듯이 공부를 하다 보면 어느새 초보 혼공을 벗어난 후, 고수 혼공의 길로 가고 있는 자신을 발견할 것이다. 고수 혼공의 길로 가고 있다면, 당신에게 들려주고픈 이야기가 있다. 게리 클라인이란 심리학자는 의사결정과 관련된 흥미로운 연구를 했다. 그는 소방관, 외과 의사처럼 위급한 상황에서 재빠르게 의사결정을 해야 하는 사람들을 만나 이렇게 물었다.

"당신은 쇼크에 빠진 사람, 혹은 불길이 타오르는 화재 현장을 봤을 때 어떤 과정을 거쳐 그 사태의 해결 방법을 찾나요?"

이 질문에 두 가지의 대답이 나왔다. 먼저 첫 번째 대답이다.

"그냥 보자마자 생각 없이 행동합니다."

두 번째 대답은 이랬다.

"그 상황을 해결하기 위한 대안이 2가지 있다면 2가지 경우의 장, 단점을 다 분석한 뒤 행동합니다."

이 두 가지의 대답 중 당신이 생각하기에 어떤 대답을 한 사람이 그 분야의 전문가일 것 같은가? 바로 첫 번째 대답을 한 사람들이다. 그들은 상황을 본 순간 본능적으로 해결을 한다고 답했다. 생각할 겨를도 없이 몸이 먼저 반응을 하는 것이다. 하지만 아직 신참이거나 경력이 부족한 초보는 두 번째 대답을 했다. 위급한 상황에서도 여러 가지 방법과 대안을 머릿속으로 계속 생각했던 것이다.

공부도 역시 마찬가지다. 초보 혼공자를 벗어나지 못하면 당신은 공부를 생각하며 끊임없이 고뇌할 것이다. 지금 이 공부법이 맞는 것인지, 지금 이 시간에 이 공부를 하는 게 맞는 것인지 하면서 말이다. 두 번째 대답을 한 신참들처럼 당신 역시 계속해서 더 나은 공부법이 있지 않을까 생각하고 고민만 하다 중요한 공부를 놓치게 된다.

우리가 밥 먹고 간식 먹고 후식 먹듯이 공부를 하는 것은 바로 당신 역시 첫 번째 대답을 자신 있게 말하기 위해서다. 초보 혼공에서 고수 혼공으로 가는 길에서 가장 중요한 것은 공부가 나의 본능이 될 정도로 반복해서 보는 것이다. 혼자 공부하는 시간이 쌓일수록 공부가 본능에 점점 더 가까워진다. 공부가 나의 본능이 되면 어떤 교과를 보든 본능적으로 학습 전략이 내 머릿속에서 나온다. 그 교과와 관련된 공부법을 일일이 생각하지 않고도 바로 튀어나오는 것이다.

우리는 그 경지에 다다르기 위해 내 일상의 대부분을 공부하는 것에 투자한다. 이렇게 본능적인 공부가 되면 나도 모르게 문제를 해결하는 직관이 생긴다. 밥 먹고 간식 먹고 후식 먹듯이 공부한 시간이 쌓이고 쌓여서 나의 공부 직관을 만들어주는 것이다. 이렇게 공부 직관이 생기면 나도 모르게 문제를 보는 안목이 길러진다. 문제를 보는 안목이 길러지면 문제를 풀 때마다 정답률이 높아지는 것을 확인할 수 있다.

공부 직관이 생기면 이제는 더 이상 초보 혼공자가 아니다. 고수 혼공자가 된 것이다. 하지만 고수도 급이 있다. 우리는 더 나은 고수가 돼서 학년이 올라갈수록 내 성적을 올려야 한다. 더 나은 고수가 되려면 간단하다. 또 다시 밥 먹고 간식 먹고 후식 먹듯이 그렇게 공부를 계속 하면 된다. 이 과정을 반복하면 나에게는 더 나은 직관이 생기는 것이다. 더 나은 직관은 더 좋은 문제 해결법을 깨닫게 해주고 이것이 결국 나의 성적 1등급을 완성시켜주는 것이다.

"기운과 끈기는 모든 것을 이겨낸다."라고 벤자민 프랭클린은 말했다. 밥 먹고 간식 먹고 후식 먹듯이 공부를 하려면 제일 중요한 것은 기운과 끈기다. 우리가 혼공을 선택한 이유 역시 혼자서 끈기 있게 공부를 하지만 결국은 그 끈기로 1등급을 만들기 위해서다. 1등급을 만들기 위해서는 반드시 공부 직관을 만들어야 한다. 공부 직관은 그냥 자연스럽게 생기는 것이 아니다. 밥 먹고 간식 먹고 후식 먹듯이 공부를 해야 내게도 공부 직관이 생긴다. 공부를 반드시 당신의 본능으로 만들어야한다. 매일 매일 공부에 굶주려라. 그리고 누군가가 당신에게 왜 공부를 하냐고 묻거든 본능이라고 대답하라.

핵심노트 ⑦ 이것만은 꼭 기억하자!

수첩의 힘은 위대하다! 4개의 수첩을 만들자!

1번 수첩– 꿈 수첩

꿈 수첩은 내가 간절히 원하는 꿈과 관련된 사진, 문장을 담은 수첩이다. 나의 꿈은 교육대학교에 입학해서 초등학교 선생님이 되는 것이었다. 그래서 꿈 수첩에 교육대학교 사진, 초등학교 선생님, 초등학교 학생들 등 다양한 사진을 프린트해서 넣었다. 그리고 내 꿈과 관련된 좋은 문장을 많이 담았다. 이 수첩을 아침에 일어나서, 잠자리에 들기 전 최소 2번을 봤다. 유독 공부가 하기 싫은 날은 꿈 수첩을 더 자주 들여다보면 좋다. 나의 꿈을 이루고 싶은 간절한 마음이 커지기 때문이다. 그렇기 때문에 내 꿈을 시각화한 수첩을 꼭 만들자. 그리고 수시로 들여다보자.

2번 수첩–모르는 개념, 풀리지 않는 문제를 담은 수첩

기본서, 문제집을 매일 들고 다닐 수는 없다. 그러므로 이해가 되지 않는 개념, 어려운 문제가 있다면 수첩에 간단하게 적도록 한다. 그리고 수시로 들고 다니면서 그 수첩을 들여다보자. 수첩을 들여다보면 나도 모르게 문제가 해결되기도 한다. 만일 해결되지 않는다면 그 수첩을 들고 공부 멘토에게 물어보면 된다. 모르는 개념과 풀리지 않는 문제가 해결돼야 학년이 올라갈수록 성적이 오른다. 때문에 꼭 2번 수첩을 만들자.

3번 수첩– 풀이집, 정답지 수첩

모르는 개념과 풀리지 않는 문제가 멘토의 도움으로 해결됐다면, 그 내용을 바로 2번 수첩에 적으면 안 된다. 그렇게 되면 문제와 정답이 한꺼번에 적혀 있는 꼴이 된다. 그러므로 항상 2번 수첩에 적힌 문제와 관련된 정답이나 풀이는 3번 수첩에 적어야 한다. 일종의 정답지 수첩이다. 2번 수첩에 적힌 문제나 개념을 스스로 풀어본 후, 3번 수첩을 보고 확인한다. 스스로 해결한 풀이법이 3번 수첩에 적힌 내용처럼 완벽하게 해결됐다면, 그 문제는 이제 내 것이 된 것이다.

4번 수첩–마음 보상 수첩

마음 보상 수첩은 내 마음의 집을 탄탄하게 만들기 위해 필요한 수첩이다. 혼자 공부를 하면 외로움이 물밀듯이 온다. 때로는 오르지 않는 성적에 시련이 닥치기도 한다. 이럴 때마다 좌절하면 안 된다. 이런 시련이 생길 때마다 극복할 수 있는 마음의 집을 만들어야 한다. 4번 수첩은 나의 혼자 공부를 계속 지속할 수 있게 만드는 문장, 글귀를 적어놓는 수첩이다. 어떤 문장이든 상관없다. 읽는 순간 가슴이 벅차오르거나, 나에게 큰 자극을 주는 문장이라면 무엇이든지 이 4번 수첩에 적도록 하자.

5

초보 혼공을 위한 다섯 번째 걸음, 어떤 환경에도 적응하기

당신의 노력을 존중하라. 당신 자신을 존중하라.
자존감은 자제력을 낳는다.
이 둘을 모두 겸비하면 진정한 힘을 갖게 된다.
– 클린트 이스트우드

혼공을 할 때는 잡초 같은 뛰어난 적응력을 발휘해라

거리를 지나다 보면 어느 곳에서나 흔히 발견할 수 있는 식물이 있다. 바로 잡초다. 잡초는 예측 불가능한 환경에서도 살아남는 강한 적응력을 가졌다. 아무리 힘든 환경일지라도 잡초는 뿌리를 잘 뻗고 잘 자란다. 시멘트 틈 사이, 한 겨울의 얼어붙은 땅, 척박한 땅 등 잡초는 가리지 않고 어떤 환경에서나 잘 적응한다. 우리는 무심코 땅바닥에 있는 잡초를 밟고 지나간다. 잡초는 이 기회를 놓치지 않고 씨앗 안에 있는 젤리 같은 물질을 우리 신발에 달라붙게 만든다. 그리고는 우리 신발이 가는 곳 어디든 씨앗을 퍼뜨린다. 어떤 환경도 가리지 않는다. 뛰어난 환경 적응력을 활용해서 잡초는 그렇게 또 자기 종족을 천지사방에 퍼뜨린다.

혼공을 할 때는 어떤 환경에도 잘 적응하는 집중력을 키워야 한다. 바로 잡초처럼 말이다. 내가 공부하고 있는 곳이 시멘트 틈이든, 한 겨울의 얼어붙은 땅이든 가리지 않아야 한다. 어떤 장소에서도 의자에 앉아서 집중해서 책을 볼 수 있는 집중력을 키워야 한다.

우리가 공부를 하는 이유는 시험을 잘 보기 위해서다. 나의 1년간의 혼공이 그 한 번의 시험으로 평가된다. 하지만 시험 장소를 우리는 선택할 수 없다. 어떤 장소일지 모르며, 어떤 교실에 들어가서, 어떤 자리에 앉아서 시험을 볼지 모른다. 그러니 최악의 환경에서 시험을 본다고 해도 빨리 집중해서 문제를 풀 수 있는 집중력을 만들어야만 한다.

예를 들어보자. 100평의 아파트에 살고 있던 사람이 갑자기 15평의 아파트에 살게 된다면 그 집에 잘 적응할 수 있을까? 아마 적응하기 힘들 것이다. 왜냐하면 처음부터 100평이라는 넓은 곳에 살았기 때문이다. 하지만 이와는 반대로 15평에서 살고 있던 사람이 100평으로 이사 간다면 아마 새로운 집에 금세 적응할 것이다. 불편했던 장소가 한 순간 넓게 변해서 예전의 불편함이 사라지기 때문이다.

혼공 장소를 택하는 것도 이와 유사하다. 처음부터 100평 아파트와 같은 매우 좋은 장소를 혼공 장소로 택하면 안 된다. 처음부터 좋은 장소에서 공부하게 되면 내 몸이 그 곳에 적응한다. 아직 잡초처럼 뛰어난 적응

능력을 갖추지 못한 당신은 시간이 지날수록 그 좋은 장소만 선택하게 된다.

100평의 아파트처럼 공부하기 매우 좋은 곳은 조용한 독서실이다. 처음 혼공을 할 때는 독서실처럼 매우 조용한 곳만 선호해서는 안 된다. 항상 조용한 곳에서만 공부하다 보면 약간의 소리만 들려도 내게는 큰 소음처럼 느껴진다. 그 소리가 자꾸 반복되면 온 신경이 거기로 향한다. 결국 공부에 집중하지 못한 체 스트레스 받고 있는 자신을 발견하게 된다. 유독 조용한 장소를 혼공 장소로 선호하는 친구들이 있다. 하지만 수능을 보는 장소는 독서실처럼 조용하고 안락한 장소가 아니다.

나는 나의 첫 혼공 장소를 독서실이 아닌 도서관으로 택했다. 처음에 도서관을 택한 이유는 단순했다. 집과 가까웠기 때문이다. 걸어서 5분 정도의 거리에 위치한 도서관은 내게는 공부하기 최적의 거리였다. 하지만 도서관은 독서실처럼 조용한 분위기가 아니었다.

도서관은 가끔씩 핸드폰을 진동으로 바꾸지 않은 사람의 핸드폰 벨소리가 울린다. 중학생, 고등학생들의 시험 기간이 되면 속닥거리는 소리에 열람실 안이 시끄러울 때도 있다. 공부를 하는 장소이지만 생활 소음 또한 자주 발생하는 곳이 바로 도서관이다.

하루는 영문과를 같이 다녔던 친구가 내가 다니는 도서관으로 시험공부를 하러 왔다. 다니던 독서실이 공사 중이라 급히 도서관으로 온 것이다. 나는 친구와의 대화를 피하기 위해 서로 다른 열람실을 쓰기로 하고 공부를 하고 있었다. 한 시간 정도 지난 후 친구가 내가 공부하고 있는 열람실로 들어왔다. 잠시 도서관 휴게실에 나와서 친구와 대화를 했다.

"지영아, 너 이런 곳에서 공부가 돼?"

"응, 나는 익숙해서 괜찮은데. 왜?"

"아, 너무 시끄럽지 않냐? 사람들이 계속 핸드폰 받으러 왔다 갔다 하고, 책상 하나에 여섯 명이나 같이 앉아 있으니까 자꾸 신경 쓰여서 공부가 안 되네.

"아, 그래?"

다양한 소음에 노출되어 공부하라

결국 친구는 나와의 짧은 대화를 끝으로 집으로 향했다. 도저히 공부할 수 없는 곳이라며 마지막까지 투덜대고는 그렇게 도서관을 나갔다. 나는 생활 소음에 익숙해졌기 때문에 한 책상을 여섯 명이 함께 써도 아무렇지 않았다. 소음에 익숙해질수록 집중력 또한 좋아졌다. 종일 누군가와 함께 하나의 책상을 사용했어도 나는 그 사람의 얼굴을 들여다본 적이 없을 정도로 내 공부에 빠졌다. 나는 잡초 같은 집중력을 만들기 위해 많은 노력을 했다.

도서관을 다닐 때 나는 항상 열람실 안에서만 공부하지 않았다. 내가 도서관 화장실을 가려면 항상 휴게실을 지나쳤어야만 했다. 나는 화장실을 갈 때마다 항상 휴게실 안을 쳐다봤다. 만일 휴게실에 사람이 많이 앉아 있으면 곧장 책을 들고 휴게실로 향했다. 그리고는 그 곳에서 30분 정도 공부를 했다. 참고서를 보거나 문제집을 풀기도 했다. 시끄러운 곳에서도 책에 집중할 수 있는 힘을 만들고 싶었기 때문이다.

열람실에서 공부를 할 때도 나는 다양한 소음을 만들었다. 어떤 소음에도 흔들림 없는 집중력을 만들기 위해 계속 노력했다. 가끔씩 인강 선생님의 음성파일을 귀에 꽂고 그 소리를 들으며 공부를 했다. 누군가가 내 옆에서 계속 얘기하는 소음을 일부러 만들었던 것이다. 그 소리가 신경 쓰이지 않을 때까지 집중해서 공부하는 훈련을 반복했다.

실제로 이 훈련은 많은 효과가 있었다. 처음에는 신경 쓰였던 강사 선생님의 목소리가 나중에는 전혀 들리지 않을 때도 있었다. 온 신경을 곤두세우면 한창 수학 문제를 풀면 어느새 음성파일이 흘러나오지 않았다. 소리가 다 끝난 지도 모른 체 집중을 했던 것이다. 이렇게 계속 주변 소음에 노출되는 훈련을 반복했더니 나의 집중력이 많이 좋아진 것을 느낄 수 있었다.

어떤 환경을 만나든 그 환경에 빨리 집중한 후 공부에 즉각 몰입할 수 있는 최상의 몰입도를 높여주는 것은 대단히 중요하다. 내가 어떤 곳에서 수능을 볼지 예측할 수 없기 때문이다. 하지만 한 가지 정확하게 말할 수 있는 것은 수능을 보는 곳은 독서실처럼 절대 조용한 곳이 아니라는 것이다. 수능을 보는 장소는 오래된 학교일 수도 있다. 그러면 교실 바닥에서는 삐거덕 거리는 소리가 날 것이다. 유독 시험지를 큰 소리가 나게 넘기는 학생도 있다. 때로는 감기에 심하게 걸린 학생이 계속해서 코를 풀어댈 수도 있다. 혹은 기침을 해댈 수도 있다.

평소 혼공을 너무 조용한 곳에서만 했다면 이런 소음을 잘 견딜 수 있을까? 너무 조용한 곳에서만 공부를 했다면 아마 대부분이 그 소리가 무척 거슬릴 것이다. 그리고 만일 그날 수능을 망쳤다면 부모님께 이렇게 말할 것이다.

"아, 계속 누가 코를 풀어대니까 그 소리 때문에 시험 문제를 아예 읽지도 못했어!"라고 말이다. 하지만 이것은 철저한 핑계다. 너무 조용한 곳에서만 공부가 잘 되게끔 길들인 내 탓이다. 잡초처럼 어디에서든 공부할 수 있는 몰입도를 만들지 못한 내 탓인 것이다. 감기에 걸려 열심히 코를 풀어댄 그 사람 탓이 결코 아니라는 것을 알아야 한다.

우리가 자주 밟는 잡초 가운데 민들레가 있다. 민들레는 계속해서 밟히면 옆으로 자라는 적응력을 발휘한다. 민들레는 누군가가 자신을 자꾸 밟았기 때문에 죽었다는 핑계를 대지 않는다. 핑계를 댈 시간에 재빨리 옆으로 자라는 지혜를 발휘한다. 그만큼 어떤 환경에서도 적응하는 능력이 뛰어난 식물이다. 당신의 공부 몰입도 또한 잡초와 같아야 한다. 나를 계속해서 밟는 소음에 노출이 되어도 민들레처럼 재빠르게 적응하고 집중하는 법을 꾸준히 익혀야 한다는 말이다.

6

초보 혼공을 위한 여섯 번째 걸음, 이미 이룬 것처럼 행동하기

꿈이 있다면 그 꿈을 잡고 절대 놓아주지 마라.
– 캐럴 버넷

상상하라. 그것은 곧 현실이 된다

일주일 후면 기말고사다. 아침에 일어나면 매일 눈을 감고 상상한다. 상상 속의 내 모습은 이렇다. 나는 기말고사를 잘 봤다. 드디어 성적표가 나오는 날이 됐다. 선생님은 내 이름을 불렀다. 그리고 나는 내 이름이 적힌 기말고사 성적표를 받았다. 성적표에는 전교 1등이라는 등수가 적혀 있었다. 나는 그렇게 행복하게 웃으며 성적표를 바라보고 있다. 매일 아침 이렇게 눈을 감고 상상한다. 내가 구체적으로 상상할수록 그것은 결국 현실이 된다. 나의 믿음이 강할수록 내 꿈은 이뤄진다.

공부하는 당신은 이런 상상을 해본 적이 있는가? 학년이 올라갈수록 나의 성적이 올라가는 상상 말이다. 상상의 힘은 위대하다. 마치 이미 일어난 일인 것처럼 구체적이고 생생하게 상상할수록 자기 암시의 힘은 강력해진다. 자기 암시의 힘이 강력해질수록 내가 꿈꾸는 일이 현실에서 일어나게끔 내 모든 행동과 생각이 꿈을 향해 바뀌는 것이다.

공부할 때 긍정의 자기 암시는 정말 중요하다. "아무리 거짓일지라도, 계속해서 고집해나가면 결국 현실이 된다."라는 포셋의 말이 있다. 이미 이루어진 것처럼 끊임없이 생각하고 상상하면 결국 현실이 되는 것이다.

고등학생 시절, 나는 모든 교과서와 문제집에 "광주교대 오지영"이라는 말을 썼다. 온통 그렇게 도배를 하고 다녔다. 다른 친구들 역시 나에게 "초등학교 선생님, 오 선생."이라며 그렇게 장난 식으로 나를 불렀다. 광주교육대는 우리 집에서 걸어서 10분 정도의 거리에 있었다. 나는 시간이 날 때마다 광주교대 운동장에 가서 걷기 운동을 했다. 운동을 하며 나는 내 옆을 지나가는 교육대학교 학생들을 관찰했다. 그리고 그 학생들이 하는 행동을 마치 내가 하고 있는 것처럼 상상했다. 친구들과 함께 교육대학교 수업을 듣는 장면, 함께 점심을 먹는 장면 등이다. 지금 당장 이루지 않았지만 언젠가는 꼭 이뤄질 꿈이라는 강한 확신을 갖고 늘 상상했다.

하지만 고등학교 3학년 나의 모의고사 등급으로는 꿈도 꾸지 못했다. 교육대학교에 들어가려면 모든 교과 등급이 1~2등급이어야만 했다. 나의 내신은 점수가 좋았지만, 모의고사는 생각만큼 좋은 등급이 나오지 않았다. 늘 수학은 4~5등급이었다. 그래도 나는 내가 초등학교 선생님이 된다고 상상하고 이미 이룬 것처럼 행동했다.

수능을 보고 난 후 나는 교육대학교에 가지 못하고 지방대 영문과에 진학했다. 나의 수능 점수는 지방대 영문과도 겨우 갈 정도로 좋지 않았다. 영문과를 1년 다닌 후 나는 자퇴했다. 지금 생각해보면 내가 과감히 자퇴를 했던 이유는 교육대를 가기 위한 우주의 주문이었던 것 같다.

나는 오랜 고민 없이 한 순간 자퇴를 결정했다. 아마도 우주는 고등학교 시절, 나의 꿈 주문을 이미 접수했을 것이다. 그리고 접수한 주문을 향해 일을 하고 있었을 것이다. 내가 지방대 영문과를 다니며 친구들과 술을 마시고, 즐겁게 놀 때도 우주는 나를 위해 일하고 있었다. 내 꿈을 향해 우주는 그렇게 쉼 없이 돌아가고 있었다.

자퇴를 하고 난 후, 나는 공부를 했다. 그리고 혼공을 시작한 이후 교육대학교를 다니는 상상을 더욱 열심히 했다. 간절한 만큼 매일 상상했다. 아침에 눈을 뜬 순간, 잠자리에 들기 전 나는 그렇게 매일 상상했다. 나의 꿈 수첩 1번을 보면서 초등학교 아이들을 가르치는 내 모습을 상상했다. "오지영 선생님"으로 불리고 있는 그 모습을 상상했다. 상상을 할수록 마음이 벅차고 설레었다. 이미 이룬 것처럼 느껴졌다. 수능 시험을 보기도 전에 이미 꿈을 이룬 것처럼 나는 마음이 행복했다.

시험을 볼 때마다 나의 성적이 오르는 상상을 하자

우리가 원하는 것을 상상하면 우주는 그 주문을 받는다. 그리고 원하는 것을 이루기 위해 나의 환경과 나의 행동을 바꾼다. 우리가 느끼지 못하지만 우리는 그 꿈을 향해 가고 있는 것이다. 그러니 간절히 생각하고 간절히 상상하는 만큼 더 빨리 이룰 수 있다. 꿈을 상상했다면 이제는 의심하지 않아야한다. 그 꿈이 과연 이루어질까? 하는 고민은 버려야 한다. 그 꿈이 이루어진 상상을 하며 이미 내가 이룬 것처럼 행동을 해야 한다.

내가 원하는 것을 이미 이룬 것처럼 상상하면 그 상상은 우리의 잠재의식까지 들어간다. 그리고 잠재의식에 들어간 순간 마치 내가 그 꿈을 이룬 것 같은 기분이 들게 만들어준다. 이 행복함은 나를 더욱 공부에 집중할 수 있게 만들어주고, 결국은 성적이 올라가겠다는 강한 확신까지 들게 한다.

조각가 피그말리온은 세상에서 가장 아름다운 여인을 조각했다. 그리고 그 여인의 이름을 갈라테이아라고 지었다. 피그말리온은 자신이 조각한 갈라테이아를 보고 한눈에 반했다. 갈라테이아가 마치 살아있는 여인인 것처럼 사랑하고 어루만졌다. 피그말리온은 갈라테이아를 진심으로 사랑하게 된 것이다. 그는 갈라테이아가 이미 살아 있는 여인이라고 생각했다. 사랑하는 자신의 부인이라고 생각했다. 이미 이뤄진 것처럼 행동했다.

그런 피그말리온의 행동에 여신 아프로디테는 감동했다. 그래서 조각한 갈라테이아에 생명을 불어넣었다. 피그말리온은 갈라테이아를 이미 생명이 있는 여인이라 생각하며 사랑했다. 그리고 그 소원은 아프로디테에게 접수됐다. 피그말리온은 갈라테이아가 살아 있음을 간절히 원하고 간절히 꿈꿨다. 그리고 그녀가 살아 있는 것처럼 행동했다. 그 결과 그의 꿈이 이뤄진 것이다.

간절히 원하고 간절히 꿈꾸면 결국 이뤄진다. 이를 우리는 이 일화에 빗대어 '피그말리온 효과'라고 부른다. 당신은 학년이 올라갈수록 당신의 성적이 올라가는 것을 원하는가? 그렇다면 피그말리온처럼 지극정성으로 상상해야 한다. 우주가 내 주문을 접수할 때까지 끊임없이 상상해야 하는 것이다. 나의 성적이 시험을 볼 때마다 올라가는 상상을 한다. 그리고 마치 나의 성적이 이미 올라간 것처럼 행동을 하는 것이다. 무엇이든 좋다. 성적이 올라가고 난 뒤 내가 어떤 행동을 할지 생각하면 된다. 그리고 그 행동을 이미 이뤘다고 상상하면 된다.

만일 성적이 올라가서 가족들과 외식을 한다면 그 장면을 상상하면 된다. 구체적일수록 좋다. 성적이 올라서 매일 가족과 함께 해맑게 웃으며 저녁밥을 먹고 있을 나의 모습을 상상한다. 상상을 할 때 주의해야 할 점이 있다. 그 꿈을 이루지 못할 것이라는 불안한 마음을 없애야 한다는 것이다. 그 싹을 잘라버려야 한다. 부정의 상상을 없애고 오로지 성적이 올라가는 그 장면만을 생생하게 상상해야 한다. 생생하게 상상할수록 결국 나의 성적은 오른다.

실제 우리 주변에서도 상상을 통해 원하는 것을 모두 얻어낸 분이 있다. 바로 『100억 부자의 생각의 비밀』의 저자이자 〈한책협〉의 대표인 김태광 작가다. 책의 내용을 보면, 김태광 작가는 결과로써 상상한 모든 것을 이뤄냈다. 얻을 수 있다는 강한 확신과 믿음으로 상상한 모든 것을 현실에서 이뤄낸 것이다. 그만큼 상상의 힘은 위대하다. 특히 구체적으로 상상하는 것은 더욱 그렇다. 그렇기 때문에 당신 또한 상상하면 결국 현실이 된다. 상상할수록 당신의 성적은 오르는 것이다.

지금 당장 성적이 오르지 않는다고 좌절해서는 안 된다. 부정적인 생각을 내 마음 깊숙이 넣으면 안 된다. 그러면 올라가려고 했던 성적이 다시 떨어질 수 있다. 성적이 오르지 않을 것이라는 상상을 하면 우주는 성적을 내려달라는 주문으로 받아들인다. 그렇게 되면 다시 처음부터 재작업에 들어간다. 내 생각처럼 성적을 떨어뜨리기 위한 작업을 하게 되는 것이다. 그러니 이미 성적이 올라간 것을 아무런 의심 없이 꾸준히 상상하고, 이미 이룬 것처럼 행동을 해야 한다. 상상하면 결국 내 것이 된다. 강하게 상상할수록 그 끌어당김의 힘은 강해진다. 강해진 만큼 내 꿈을 강하고 빠르게 끌어당겨준다.

상상의 힘은 위대하다. 결과로서 상상하면 결국 내 것이 된다. 성적이 올라갔다는 상상을 하며 이미 그것을 이룬 것처럼 행동한다. 내가 다니고 싶은 대학교가 있다면 그 대학교를 다니고 있는 내 모습을 상상한다. 이미 그 대학교의 학생인 것처럼 행동하는 것이다. 내가 강하게 상상하고 강하게 행동할수록 우주는 내 꿈을 이루기 위해 부지런히 노력한다. 내가 잠을 자고 있는 그 순간에도 우주는 나를 위해 그 꿈을 실현시켜줄 작업을 하고 있는 것이다. 그렇기 때문에 이미 이루어진 것처럼 상상하고 행동하라. 당신이 무엇을 상상하든 결국 그것은 당신의 현실이 될 것이다.

7

초보 혼공을 위한 일곱 번째 걸음, 꾸준함 유지하기

어제로 돌아갈 수 없다.
왜냐하면 나는 어제와 다른 사람이 되었기 때문이다.
– 루이스 캐럴

끈기와 꾸준함으로 성적을 올려라

문맹에서 98세에 작가가 된 미국의 한 어부가 있다. 그는 90이 넘는 나이까지 글을 읽을 줄 몰랐다. 그래서 그는 음식점에 가면 메뉴판에 적힌 글자를 제대로 읽지 못했다. 때로는 음식점에서 누군가의 도움을 받는 자신의 모습에 화가 나 끼니를 거를 때도 있었다. 그는 배움의 열정이 강했지만 제대로 된 교육을 받은 적이 없었다. 그랬던 그가 98세라는 나이에 『어부의 언어』라는 수필집을 발간한 것이다. 어떻게 문맹이었던 그가, 그것도 98세라는 나이에 작가가 될 수 있었을까?

그것은 바로 꾸준함이었다. 글자를 몰랐던 그는 글자를 알기 위해 꾸준히 공부했다. 뜻을 모르겠는 단어는 밤을 새서 공부를 하며 뜻을 익혔다. 때로는 제대로 읽히지 않아 눈물을 흘리며 지새운 밤도 있었다. 하지만 그는 포기하지 않았다. 공부를 하는 과정에서 자신에게 숨겨진 배움의 열정을 발견할 수 있었고, 그 열정은 그에게 끈기라는 보석을 선물로 줬다. 그가 문맹에서 탈출하기 위해 꾸준히 공부한 이유는 하나다. 작가가 돼서 책을 쓰고 싶었던 것이다. 작가가 되고 싶다는 분명한 목표가 그를 꾸준히 공부하게 만든 원동력이었다. 그의 꾸준함은 결국 그의 문맹을 탈출하게 만들었다. 그리고 2011년 그는 작가가 됐다. 그 해 그의 책은 3천 권이나 팔렸다. 그의 꾸준함이 그를 문맹에서 탈출시켰고, 그보다 더한 꾸준함이 그를 작가로 만들어 준 것이다.

98세의 어부에게는 꿈이 있었다. 작가가 되고 싶은 꿈이었다. 하지만 그는 글을 읽지 못했다. 그래서 식당에 가도 주문을 하지 못했다. 글을 못 읽는 다는 것은 그의 꿈을 이루지 못하게 만드는 방해물이었다. 그래서 그는 먼저 글을 제대로 읽을 수 있어야만 했다. 밤을 새며 꾸준히 독학을 한 결과 그는 글을 읽을 수 있었다.

이제 그에게는 또 다른 꾸준함이 필요했다. 익힌 글자를 통해 자신의 책을 쓰는 목표를 향한 꾸준함이다. 그는 포기하지 않았다. 글자를 익힐 때보다 더 열심히, 최선을 다해서 글을 썼다. 그의 꾸준함은 글자를 익힐 때보다 한층 더 업그레이드 됐다. 그 업그레이드 된 꾸준함이 결국 그를 작가로 만들었다. 98세의 나이임에도 불구하고 말이다.

혼공을 할 때 우리는 목적지를 정해서 간다. 그 목적지는 바로 학년이 올라갈수록 나의 성적을 올리는 종착지다. 그렇게 그 목적지를 바라보며 열심히 공부해야만 한다. 공부를 하면 나도 모르게 나에게 숨겨진 보석들을 찾을 수 있다. 성적 향상을 위해 오랜 시간 의자에 앉아서 공부하는 내 모습을 보며 인내의 보석을 발견할 수 있다. 문제를 풀 때마다 점점 동그라미가 쌓일수록 기쁨의 보석도 발견할 수 있다. 공부를 하며 그 안에 숨겨진 보석을 찾아낼수록 오늘의 나는 어제의 나를 뛰어넘는 내가 될 수 있다. 그 과정에서 우리는 공부의 즐거움을 맛보게 된다.

하지만 목적지를 향해 가며 보석을 찾는 과정은 한 순간 일어나지 않는다. 오랜 시간 꾸준히 지속해야 보석을 발견할 수 있다. 보석을 발견하면 그 순간 공부의 즐거움도 맛볼 수 있다. 또한 꾸준함은 나를 성적 향상이라는 목적지를 향해 바르게 인도할 수 있다. 이 두 가지를 모두 얻을 수 있게 만드는 힘은 결국 '꾸준함' 하나다.

공부를 지속적으로 실천하기 위해서는 끈기가 필요하다. '끈기'란 쉽게 단념하지 아니하고 끈질기게 견디어 나가는 기운을 뜻한다. 즉 꾸준히 공부하는 것을 우리는 끈기로 표현할 수 있다. 공부는 한 순간 끝나는 것이 아니다. 혼공의 여정이 언제 끝날지 우리는 알 수 없다. 마치 언제 끝날지 모르는 긴 마라톤을 하고 있는 것과 같다. 긴 마라톤을 완주하려면 중간에 포기해서는 안 된다. 내 눈에 결승선이 보이지 않아도 그 결승선을 향해 계속 달려 나가야만 한다. 공부를 꾸준히 하는 것은 매우 어려운 일이다. 그렇기 때문에 공부의 꾸준함을 유지하기 위해서는 공부를 꾸준히 하게 만드는 방법을 찾아야만 한다.

나의 꿈, 그리고 '나'라는 사람을 잘 다스리자

먼저 공부의 꾸준함을 유지하려면 나의 꿈을 생각해야 한다. 나의 꿈을 간절히 생각해야만 한다. 그리고 왜 내가 공부를 하는지 그 이유를 떠올려야 한다. 그 이유는 오직 공부로만 나의 꿈을 실현하기 위함이다. 그러니 나의 꿈을 간절하게 떠올릴수록 공부를 꾸준히 지속할 수 있다.

나는 2006년 혼공을 할 때 오직 광주교육대학교에 들어가는 꿈을 향해 공부를 했다. 그 꿈을 이루기 위해서 나는 꾸준히 공부를 해야만 했다. 꾸준함은 내가 붙잡고 있지 않으면 달아나버린다. 그래서 나는 자주 내 꿈을 들여다봤다. 내 꿈을 시각화한 수첩을 항상 들고 다녔다.

그 수첩 속에는 광주교육대학교 사진, 초등학생 아이들, 내가 가고 싶은 초등학교 등 내 꿈을 시각화해서 붙인 사진들로 가득했다. 이 수첩을 볼 때마다 나의 꿈은 그만큼 간절해졌다. 간절한 마음이 생길수록 공부를 하고 싶은 의욕이 생겼다. 그 의욕은 결국 꾸준히 공부를 하는 태도로 바뀌었다. 그렇기 때문에 나의 공부를 꾸준히 지속하기 위해서는 나의 꿈을 시각화해서 자주 들여다봐야 한다.

공부의 꾸준함을 유지하려면 '나'라는 사람을 잘 다스려야 한다. 나와 관련된 모든 것을 잘 다스려야 하는 것이다. 나의 시간을 잘 다스릴 줄 알아야 한다. 나의 마음을 잘 다스릴 줄 알아야 한다. 그리고 나와 관련된 사람들을 잘 다스릴 줄 알아야 한다. 무엇이 됐든 '나'와 관련된 모든 것을 잘 다스릴 줄 알아야 공부를 꾸준히 지속할 수 있다.

의자에 앉아서 공부하기로 한 시간을 잘 다스리지 못한다면 나의 시간을 잘 다스리지 못하는 것이다. 차분하게 공부하기로 마음먹었지만 다른 감정으로 인해 공부를 못 했다면 나의 마음을 잘 다스리지 못한 것이다. 꾸준히 공부하기 위해 친구들을 만나지 않기로 마음먹었지만 친구를 만났다면, 그것 또한 나와 관련된 사람들을 잘 다스리지 못한 것이다.

학년이 올라갈수록 성적을 올리는 것은 매우 힘든 일이다. 쉽게 이루어지지 않는다. 그만큼 노력해야 하고, 그만큼 공부를 많이 해야 한다. 결국은 꾸준함이다. 공부에는 잔머리가 통하지 않는다. 잔꾀로 해결되지 않는다. 오직 꾸준하게 지속한 사람만이 학년이 올라갈수록 성적이 오르는 보상을 받게 되는 것이다.

이솝 우화 '토끼와 거북이' 이야기가 있다. 제목만 들어도 누구나 알고 있는 이야기다. 우리가 공부를 꾸준히 하는 이유는 바로 이 이야기의 거북이가 되기 위해서다. 토끼는 공부를 무척 잘하는 친구다. 그래서 시험을 보면 항상 1등을 했다. 하지만 거북이는 달랐다. 꾸준히 공부를 하지만 성적이 제자리걸음이거나 아주 더디게 올랐다.

공부를 잘했던 토끼는 결국 자만해졌다. 그 자만심이 꾸준함을 이겨버린 것이다. 반면에 거북이는 성적이 제자리걸음이었지만 포기하지 않았다. 학년이 올라갈수록 성적이 오른다는 믿음 하나로 꾸준히 공부를 했다. 거북이는 자신과 약속한 공부 시간을 철저히 지켰다. 그리고 공부를 하면서 누구도 만나지 않았다. 토끼처럼 공부를 잘하는 친구에게 휘둘리지 않기 위해 자신의 마음을 차분히 다스렸다.

결국 자만심이 생긴 토끼는 어떻게 됐을까? 학년이 올라갈수록 성적이 떨어졌다. 하지만 거북이는 달랐다. 거북이에게는 꾸준함이 있었다. 그 꾸준함이 결국 거북이의 성적을 올렸다. 성적이 더디게 올라가거나 제자리걸음이었지만 결국 거북이의 성적은 학년이 올라갈수록 오른 것이다.

우리는 토끼의 마음으로 공부해서는 안 된다. 거북이의 마음으로 공부를 해야만 한다. 지금 당장 내 성적이 올라가지 않아도 거북이처럼 차분하게, 그리고 꾸준히 공부를 해야 하는 것이다.

최고의 물리학자 앨버트 아인슈타인은 다음과 같이 말했다.

“인생에는 두 가지 삶밖에 없다. 한 가지는 기적 같은 것은 없다고 믿는 삶. 또 한 가지는 모든 것이 기적이라고 믿는 삶. 내가 생각하는 인생은 후자다.”

우리가 목숨 걸고 꾸준히 공부해서 성적을 올리는 것이 바로 내 인생의 기적을 맛보기 위함이다. 포기하지 않고 꾸준히 공부를 하면 당신은 반드시 기적을 만날 것이다.

8

초보 혼공을 위한 여덟 번째 걸음, 건강한 몸 관리하기

나는 폭풍이 두렵지 않다.
나는 배로 항해하는 법을 배우고 있으니까.
– 헬렌 켈러

현재 나의 체력은 어떤 체력인가?

예전 〈MBC 스페셜〉에서 '생존체력'을 다룬 다큐멘터리를 시청한 적이 있다. 다큐멘터리에 출연한 대부분의 사람들은 저질체력이었다. 흔히 의욕은 앞서지만 몸이 따라주지 않는 체력을 일컬어 우리는 저질체력이라고 부른다. 저질체력을 가진 사람들은 하루의 대부분을 누워서 생활한다. 혹은 하루 목표했던 양의 절반도 채우지 못하고 극심한 피로감에 휩싸인다. 이런 체력으로 공부를 하게 된다면 어떻게 될까? 특히 혼공을 선택한 당신이라면 저질체력으로 13시간을 버틸 수 있을까? 아마 5시간만 앉아있어도 피곤하다고 느껴질 것이다.

혼공을 시작할 때 건강한 몸을 유지하는 것은 매우 중요하다. 아무리 의욕이 앞선다고 해도 나의 체력이, 나의 몸이 버텨주지 못하면 결국 오랜 시간 앉아서 공부를 할 수 없기 때문이다. 나의 뇌가 소프트웨어라면 나의 몸은 하드웨어다. 둘은 항상 긴밀하게 연결되어 있다. 그래서 어느 하나라도 망가지면 다른 하나 역시 제 기능을 하지 못한다. 특히 하드웨어인 우리 몸이 건강하지 못하면 결국 소프트웨어도 100% 제 역할을 해내지 못하는 것이다.

고등학생 시절, 나의 별명은 할머니였다. 그만큼 몸이 자주 아프고 자주 피곤했다. 항상 공부를 잘하고 싶은 욕심은 앞섰지만 그 욕심만큼 나의 몸은 따라주질 못했다. 그 당시 나는 내 몸을 잘 챙기지 않았다. 내 몸을 혹사해서라도 반드시 성적을 올리리라는 열정만 가득할 뿐이었다. 그래서 나는 고등학교 2학년 때, 2시간만 자면서 공부를 했다. 2시간만 자면서 내가 한 운동이라고는 숨쉬기 운동이 고작이었다. 시간이 지날수록 내 몸이 아픈 신호를 보냈다. 나는 그 신호를 약으로 꾹꾹 눌렀다. 아픈 신호를 무시하고 계속해서 공부를 했다.

그 결과 나의 성적은 고3이 되자, 내신 등수로 반에서 1~2등까지 오를 수 있었다. 하지만 정작 중요한 고3 때부터 집중력이 떨어졌다. 몸이 자주 아팠다. 항상 체했다. 틈만 나면 체한 몸 때문에 병원에 가야 했다. 몸을 제대로 돌보지 않으니 수능시험 보기 직전 나는 심한 감기 몸살에 걸렸다. 결국 수능 보는 당일 열심히 코만 풀고 시험을 망쳤다. 이후 혼공을 결심하면서 건강을 챙기며 공부해야 한다는 것을 절실히 깨달았다.

혼공을 할 때 건강한 몸을 유지하려면 삼시세끼 제대로 잘 챙겨 먹어야 한다. 우리 몸에 필요한 영양소인 지방, 칼슘, 단백질, 비타민과 무기질, 탄수화물을 꼭 먹어야 한다. 골고루 잘 먹는 것은 의자에 오래 앉아서 공부할 수 있는 힘을 만들어준다. 그러니 삼시세끼를 챙겨먹을 때는 대충 먹어서는 안 된다. 마라톤처럼 긴 여정을 잘 버티며 공부를 할 수 있는 힘은 의욕보다 건강이 먼저다.

자극적인 음식을 삼가는 것도 혼공할 때 건강한 몸을 유지하는 비결이다. 자극적인 음식을 먹으면 유독 배에서 소리가 나는 경우가 있다. 나 같은 경우는 그랬다. 너무 맵거나 너무 짠 음식을 먹고 나면 종일 배에서 소리가 났다. 자극적인 음식을 먹은 날은 배에서 나는 소리가 신경 쓰여서 공부를 제대로 할 수 없었다. 그렇기 때문에 삼시세끼를 잘 챙겨먹되 자극적인 음식은 되도록 먹지 않도록 한다.

또한 삼시세끼를 챙겨먹으며 틈틈이 견과류를 챙겨 먹는 것도 건강한 몸을 유지하는 비결이다. 특히 호두는 공부하는 뇌에 좋다. 또한 지방을 함유하고 있다. 그러므로 공부를 할 때 견과류를 잘 챙겨먹는 것 또한 두뇌 회전에 많은 도움이 된다. 종일 의자에 앉아서 공부를 하면 하루 종일 뇌가 쉼 없이 일한다. 뇌가 일한만큼 우리의 배도 금방 고파진다.

자주 배가 고프다는 핑계로 인스턴트식품이나 과자 등을 먹어서는 안 된다. 이런 음식을 자주 섭취하면 나도 모르게 배가 더부룩해진다. 그러므로 간식 또한 내 건강을 생각하며 챙겨 먹어야 한다. 나는 주로 고구마를 먹었다. 아침에 미리 고구마를 삶은 뒤, 고구마를 작게 잘랐다. 그리고 작게 자른 고구마를 통에 담아서 도서관에 가져갔다.

나는 오후 4시쯤 되면 유독 배가 고팠다. 배가 고프다는 핑계로 다른 음식을 사먹으러 나가면 내게는 그 시간이 시간 낭비다. 그래서 나는 배가 고프면 고구마가 담긴 통을 꺼냈다. 그리고 조용히 통을 열고서는 통에 담긴 고구마를 먹었다. 아침에 미리 잘라놓으면 공부하며 먹기도 편했고, 금방 포만감도 생겨서 혼자 공부를 계속 이어서 할 수 있었다.

혼공 건강 관리, 이것만큼은 철저히 지키자!

혼공을 할 때 건강한 몸을 유지하려면 미지근한 물을 자주 마셔야 한다. 특히 한 여름에 덥다는 핑계로 계속해서 찬물을 마셔서는 안 된다. 찬물은 우리 몸에 들어온 순간, 우리의 체온을 떨어뜨린다. 그리고 몸 안의 음식을 굳게 만든다. 음식이 굳으면 소화가 방해된다. 소화가 방해되면 의자에 제대로 앉아 있을 수 없다. 찬물을 벌컥벌컥 들이키는 순간 내 몸 안에서는 악순환의 연속인 것이다. 공부할 때 찬물을 마시는 것은 마치 독약을 마시는 것과 같다. 내 몸에 이로울 것이 하나도 없다. 오히려 의자에 앉아있지 못하게 만드는 방해 요소다. 따라서 공부할 때 건강한 몸을 유지하기 위해서는 한여름에도 미지근한 물을 마셔야 한다.

스트레칭이나 가벼운 운동을 하는 것도 건강한 몸을 유지하는 비결이다. 혼공을 할 때 스트레칭은 필수다. 특히 오랜 시간 앉아서 공부를 하다 보면 나도 모르게 굽은 등으로 변하기도 한다. 몸을 자주 풀어줘야 혈액순환이 잘 되고, 혈액순환이 잘된 만큼 공부 집중력이 좋아진다. 하루 최소 30분은 항상 스트레칭과 가벼운 운동을 하는 데 투자해야 한다. 그 자투리 시간만큼은 반드시 확보해야 한다.

가벼운 운동은 말 그대로 가벼운 운동이다. 축구, 농구, 복싱 같은 많은 에너지가 소모되는 운동을 해서는 안 된다. 많은 체력을 요하는 운동은 나의 혼공을 방해한다. 의자에 앉아서 공부할 수 있는 에너지를 그 운동에 뺏겨버린다. 주로 걷기 운동을 하거나 팔굽혀펴기 또한 도움이 된다. 나 같은 경우는 30분 동안 훌라후프를 돌렸다. 종일 의자에 앉아 있으니 저녁이 되면 항상 배가 더부룩했다. 저녁 8시 집에 도착하면 제일 먼저 하는 일이 훌라후프를 30분 동안 돌리는 일이었다. 30분 동안 훌라후프를 돌리면서 나의 뇌도 함께 쉬니 그 다음 공부를 더 집중력 있게 이어갈 수 있었다.

적절한 수면 시간을 지키는 것 또한 건강한 몸을 만드는 비결이다. 나의 수면 시간은 항상 일정해야 한다. 들쑥날쑥해서는 안 된다. 7시간 잠을 자는 것이 내 공부 컨디션에 최상이라면 나는 반드시 7시간 수면을 지켜야만 한다. 그 날 목표로 한 공부를 다 끝내지 못했다는 이유로 새벽까지 늦은 공부를 이어가서는 안 된다. 자정부터 7시까지가 수면 시간이라면 나는 꼭 그 시간만은 칼같이 지켜야 한다.

공부할 때의 수면은 매우 중요하다. 만일 하루 공부 시간이 13시간이라면 13시간 동안 어마어마한 양의 정보가 나의 뇌로 흘러들어왔을 것이다. 바삐 들어온 정보를 뇌도 정리할 수 있는 시간을 줘야 한다. 그 시간이 바로 우리의 수면 시간이다. 우리가 수면을 하면 뇌는 그때부터 온 종일 집어넣었던 정보를 정리한다. 정리하는 시간을 지켜야 그다음 날 공부도 제대로 이어갈 수 있다. 그러니 수면 시간은 매일매일 반드시 꼭 지키도록 한다.

위에서 열거한 내용을 잘 지키면 혼공을 할 때 건강한 몸을 유지할 수 있다. 건강한 몸은 중요하다. 아무리 공부를 열심히 하고 싶어도 내 몸이 따라주지 않으면 결국 수포로 돌아가 버리기 때문이다. 공부할 때 내 건강을 지키지 못하면 결국 내 꿈을 다 잃는 것과도 같다. 우리가 혼공을 하는 이유는 간절한 내 꿈을 이루기 위해서다. 간절한 꿈을 이루기 위해서는 오랜 시간 앉아서 공부를 해야 한다. 그 힘을 만들어주는 것은 나의 머리가 아닌 나의 몸이다. 그러니 간절한 꿈을 이루고 싶은 마음만큼 나의 몸을 건강하게 유지해야만 한다. 혼공에서 건강한 몸 관리는 선택이 아닌 필수다.

핵심노트 ⑧ 이것만은 꼭 기억하자!

이런 유형의 친구, 혼공을 할 때는 반드시 차단하자!

1. 부정적인 말만 하는 친구

무엇을 보든, 무엇을 듣든 전부 다 부정적으로 해석하는 친구들이 있다. 이 친구들은 혼공을 할 때 나의 혼공을 방해하는 친구다. 나의 열정적인 공부를 부정적으로 바라보기 때문이다. 또한 이 친구들이 내뱉는 부정적인 말을 종일 듣게 되면, 나의 마음도 점점 부정적인 씨앗이 자라게 된다. 혼공은 긴 마라톤의 여정이다. 그렇기 때문에 결승선에 완벽하게 도착하기 전까지는 좋은 것만 보고 좋은 것만 들어야 한다. 부정적인 친구가 내 주변에 있다면 이제부터 멀리하도록 하자.

2. 꿈이 없는 친구

꿈이 없는 친구는 사는 대로 생각하는 친구다. 이런 친구는 꿈이 없기 때문에 공부 간절함이 없다. 공부 간절함이 없다면 공부를 열심히 하고 있는 나를 이해하지 못한다. 그리고 나를 자신처럼 꿈이 없이 살기를 바란다. 이 세상에서 제일 불행한 사람은 꿈이 없는 사람이다. 그렇기 때문에 혼공하기로 마음먹었다면, 꿈이 없는 친구는 멀리하도록 하자.

3. 매일 하소연만 하는 친구

만나기만 하면 처음부터 끝까지 하소연만 하는 친구가 있다. 이 친구는 오늘 5분 하소연 했다면 내일은 10분을 하소연한다. 한번 들어주기 시작하면 끝이 없다. 이야기를 들어줄수록, 나의 아까운 시간을 허탈하게 버리는 꼴이 된다. 자꾸 내게 하소연을 하고 있는 친구가 있는지 떠올려 보자. 그리고 그런 유형의 친구가 있다면 거리를 둬라. 거리를 둘수록 혼자 공부를 할 수 있는 시간을 만들 수 있을 것이다.

4. 유리 멘탈 친구

사소한 일도 크게 받아들이고 쉽게 좌절하는 유형의 친구들이 있다. 이런 친구들을 우리는 '유리 멘탈'이라고 일컫는다. 유리 멘탈 친구의 마음은 성적에 크게 좌지우지된다. 그래서 성적이 올라가면 하늘을 찌를 듯이 기뻐하고, 성적이 떨어졌다면 이 세상이 망한 것처럼 쉽게 허탈해하고 좌절한다. 그럴 때마다 이 친구의 감정을 다 받아줄 것인가? 아마 받아준 만큼 내 감정의 에너지를 소비할 것이다. 그렇기 때문에 혼자 공부할 수 있는 에너지를 비축하려면 이런 유형의 친구들과 멀리하도록 하자.

“

혼공 실천이라는 작은 출발이

나에게는 엄청난 공부 변화를 줄 것이다.

”

바로
오늘부터
혼공하라!

Chapter 5

1

성적을 올리려면 나에 대해 알아야 한다

기운과 끈기는 모든 것을 이겨낸다.
– 벤자민 프랭클린

공부를 중심으로 한 나와 관련된 모든 것을 알자

"적을 알고 나를 알아야 백전백승"이라는 말이 있다. 이 말을 혼공하는 당신에게 적용한다면? 적은 바로 당신이 알아야 할 당신 자신이다. 성적을 올리려면 먼저 나에 대해 제대로 알아야 한다. 나를 제대로 알아야 효과적인 공부를 할 수 있기 때문이다. 그리고 효과적인 공부는 오랜 시간 의자에 앉아서 공부할 힘을 만들어준다. 그러니 나를 제대로 알아야 공부를 제대로 정복할 수 있다.

나에 대해 아는 것은 단순히 나의 성격을 파악하는 것이 아니다. 나와 관련된 모든 것을 공부를 중심으로 알아야 한다. 공부할 때 나의 자세,

내가 자주 느끼는 감정, 공부를 방해하는 환경, 집중력을 높이는 나만의 방법 등 모든 내용을 다 파악해야 한다. 이 모든 것을 다 알아야 성적을 올릴 수 있다. 공부는 나와의 싸움이다. 나와의 싸움에서 이기려면 나라는 사람을 벌거벗길 정도로 알고 있어야 한다. 세세하게, 완벽하게 알아야만 승리할 수 있다.

나를 제대로 알면 나와 타협하지 않을 수 있다. 나에게 인색해질 수 있다. 그리고 나와 관련된 모든 것을 스스로 관리할 수 있다. 하지만 나를 알고 있지 않으면 공부를 제대로 할 수 없다. 나에게 굴복당하고 나에게 관대해진다. 그리고 나에게 한없이 너그러워진다. 결국 나라는 사람을 관리할 수 없게 된다. 나를 제대로 관리하지 못하는 순간 당신의 성적은 제자리걸음이거나 오히려 떨어지게 된다.

성적을 올리려면 반드시 나에 대해 알아야 한다. 공부와 관련된 나의 강점, 나의 약점을 모두 파악해야 한다. 그래야 학년이 올라갈수록 성적이 올라간다. 나의 강점은 공부를 지속시키는 힘을 지녔다. 그만큼 나의 강점을 파악하는 것은 매우 중요하다. 나에 대해 파고들수록 그 강점은 더 업그레이드된다. 업그레이드가 될 때마다 나의 공부는 더욱 빛을 발하게 된다. 빛을 발하면 공부가 재미있어진다. 공부가 나의 일상이 된다. 공부가 일상이 되면 기존에 내게 있었던 강점에 새로운 강점이 추가되기도 한다.

반면에 공부를 방해하는 나의 약점은 매섭게 끊어내야만 한다. 씨앗을 뿌리지 못할 정도로 싹을 뽑아내야 한다. 공부를 방해하는 나의 약점을 조금씩 없애겠다는 마음조차 없애야 한다. 처음부터 제대로 없애야 공부를 할 수 있는 강점이 내게서 나온다. 내 마음에서 나온다. 조금씩 없애겠다고 생각하는 순간 어느새 또 다른 씨앗이 올라올 것이다. 그 씨앗은 잡초로 변해 잘 자라고 있는 나의 강점을 없애버린다. 그리고는 또 다시 다른 잡초 씨앗을 뿌린다. 잡초밭이 되면 그때는 강점이 살아남으려야 살아남을 수가 없다. 이렇게 변하는 순간 학년이 올라갈수록 내 성적은 떨어지는 것이다.

나 역시 혼공을 시작하기 전 나에 대해 철저히 파악했다. 공부를 지속시키는 힘을 가진 강점을 파악했다. 그리고 공부를 방해하는 나의 약점을 파악했다. 강점과 약점은 나의 성격일 수 있다. 또는 나를 둘러싼 환경일 수 있다. 무엇이든 나의 강점이 되고, 나의 약점이 되는 것이다. 나의 공부 강점은 크게 환경과 성격으로 나눌 수 있었다. 환경은 도서관이 가깝다는 것이었다. 도서관은 우리 집에서 걸어서 5분 정도의 거리에 있었다. 매우 가까운 거리였다. 공부하기 최적의 장소였다. 이것을 충분히 활용하면 혼공을 하는 데 많은 도움이 될 것이라 생각했다.

나의 공부 강점을 지닌 성격은 강한 인내심이었다. 나는 한번 마음먹은 일은 끝까지 해내려고 하는 강한 인내심을 지니고 있었다. 나는 나의 간절한 꿈을 자꾸 시각화하면 내 안의 인내를 잘 활용할 수 있겠다는 생각이 들었다. 그래서 자주 내 꿈을 시각화한 수첩 1번을 들여다봤다. 당시 수첩 1번은 내 꿈을 넣은 수첩이었다. 교육대학교 사진, 초등학교 선생님, 초등학교 학생들 등 내 꿈을 시각화하여 만든 수첩이었다. 나는 이 수첩을 아침에 일어나서 봤다. 그리고 잠자리에 들기 전에 봤다. 이렇게 총 2번을 봤다. 수첩을 볼수록 나의 강점인 인내는 점점 더 업그레이드 됐다. 그 인내는 내게 혼자 공부하는 시간을 늘려줬다.

나의 공부 약점 또한 환경과 성격으로 나눌 수 있었다. 나의 공부 약점 환경은 집이었다. 나는 집이라는 공간에 있으면 자주 울적함을 느꼈다. 답답했다. 공부를 해야겠다는 생각이 들지 않고 자꾸 지금 내가 처한 상황을 한탄했다. 화목한 집에 살고 있는 친구들이 부러웠다. 이런 생각이 드는 집에서는 공부를 할 수 없었다. 그래서 나는 밖을 나갔다. 도서관으로 갔다. 공부 약점은 철저히 싹을 없애야 한다. 그래야만 성적을 올릴 수 있다. 그래서 나는 단 하루도 빼먹지 않고 도서관을 향했다.

나의 공부 약점 성격은 의존적인 성격이었다. 나는 울적할 때면 친구들을 만났다. 그리고 친구들을 만나서 허한 마음을 달래려고 애썼다. 애쓸수록 내 허한 마음은 자꾸만 더 커져갔다. 혼공을 할 때 나의 이런 약점은 치명적이었다. 혼공은 말 그대로 혼자서 해내는 공부다. 힘들다고 자꾸 누구를 불러서 이야기할 수 없다. 친구를 만나 이야기하는 순간 아까운 시간만 흘러가기 때문이다. 분명 누군가는 그 시간에 처절하게 공부를 하고 있을 시간이다. 그래서 나는 이 약점을 없애야만 했다.

싹을 없애야 했기에 나 스스로 친구가 되기로 다짐했다. 도서관 거울을 보며 나에게 매일 외쳤다. '지영아, 잘하고 있어. 너는 최고야. 어제의 너보다 오늘의 네가 더 멋있어.'라고 말이다. 하루에 최소 8번을 외쳤다. 그리고 나를 위한 마음 수첩도 만들었다. 나는 혼공을 할 때 수첩을 총 4개를 만들었다. 그중 4번째 수첩은 오직 나를 위한 수첩이었다. 내가 나에게 들려주고 싶은 메시지를 담은 수첩이었다. 나는 힘들 때마다 그 수첩을 봤다. 그리고 나를 응원했다. 그 결과 나는 스스로 마음을 다독일 수 있는 큰 힘을 얻었다. 알게 모르게 4번 수첩이 어느새 나의 공부 강점이 된 것이다. 그 강점은 내가 혼공을 이어갈 수 있게 만든 최강의 강점 성격으로 바뀌었다.

나를 파악해야 나의 공부 수준을 알 수 있다

혼공하기 전 나를 파악하는 순간 현재 나의 공부 수준을 제대로 알 수 있다. 현재 나의 공부 수준은 단순히 점수로 매겨진 수준을 의미하지 않는다. 내가 얼마나 공부하느냐의 하루 공부량, 어떤 교과가 부족한지의 수준, 교과안에서도 어떤 부분이 취약한지 파악하는 것이 모두 포함된다. 현재 나의 수준을 파악하는 것은 매우 중요하다. 나의 수준을 제대로 파악하지 못하면 자꾸 남과 비교하게 된다. 현재 나의 공부 수준과 관련된 모든 것을 남과 비교하게 되는 것이다. 나의 공부를 남과 비교한다는 것은 매우 어리석은 행동이다. 그 행동이 습관이 되면 사회인이 돼서도 마찬가지다. 평생 나라는 사람을 남과 비교하며 살게 되는 것이다. 우리 모두 내 삶의 주인이 되기 위해 태어난 사람이다. 하지만 남과 비교하는 순간 내 삶의 주인은 내가 아니다. 나와 비교하고 있는 그 상대방이 내 삶의 주인이 되는 것이다. 나의 공부 수준을 파악하는 이유는 지금의 나와 비교하고 경쟁하는 공부를 위한 것이다.

만일 지금의 내가 5시간 공부를 하고 있다면 그 시간과 경쟁하는 공부를 해야 한다. 남이 아닌 나의 현재 공부 시간과 비교하며 공부해야 하는 것이다. 5시간을 혼공했던 내가 6시간을 공부했다면 내가 이긴 것이다. 다시 또 6시간을 공부한 나와 비교하며 공부를 하면 된다. 성적을 올리려면 나와 비교하는 공부를 해야 한다. 그렇게 해야 학년이 올라갈수록 성적이 오른다. 그 비교는 행복한 비교다. 남과의 비교는 불행한 비교다. 다른 친구와의 비교로 성적이 올라갔다고 해도 내 삶은 온통 그 친구로 도배된 삶을 사는 것이다. 불행한 삶이다. 그렇기에 문제집을 푸는 양, 문제집을 푸는 속도, 개념을 파악하는 시간 등 모든 것을 지금의 나와 비교해야 한다. 지금의 나와 비교하는 공부를 해야 내 마음도 행복한 성적이 올라가는 것이다.

소크라테스는 "너 자신을 알라."라고 우리에게 말했다. 성적을 올리고 싶다면 나에 대해 알아야 한다. 공부를 중심으로 한 나의 모든 것을 파헤쳐야 한다. 더 이상 긁어모아도 안 나오겠다 싶을 정도로 말이다. 나에 대해 많이 분석할수록 그만큼 나는 나를 이길 수 있다. 나와의 어떤 싸움에서도 백전백승할 수 있다. 내 삶의 주인이 돼서, 행복한 성적을 올릴 수 있는 것이다. 나 자신을 아는 순간, 내 삶은 나를 통해 돌아간다. 먼저 나를 파악한 뒤 시작하는 혼공은 학년이 올라갈수록 반드시 성적이 오른다.

2

절박함이 나를 1등급으로 만들었다

불가능이 무엇인가는 말하기 어렵다.
어제의 꿈은 오늘의 희망이며 내일의 현실이기 때문이다.
– 로버트 고다드

꿈을 좇는 절박한 1년의 공부가 시작되다

2005년 고3 수능, 나는 심한 감기 몸살을 앓았다. 문제를 푸는 시간보다 코 푸는 시간이 더 많았다. 종이에 적힌 많은 문제가 눈에 들어오지 않았다. 코는 막혔고 머리는 어지러웠다. 나는 오직 수능을 바라보며 내 학창 시절을 쏟았다. 하지만 정작 수능 당일 나는 정답을 찍고 있었다. 문제가 읽히지 않았다. 아무리 읽어도 무슨 내용인지 이해가 안 됐다. 허무할 정도로 정답을 찍었다. 결국 그날 나는 수능을 망쳤다.

수능 등급은 처참했다. 내 성적표에는 6등급도 있었다. 나는 내 수능 등급에 맞는 대학교를 찾아야만 했다. 선택의 여지가 없었다. 그렇게 나는 내 수능 등급에 맞는 지방대 영문과를 다녔다. 1년 동안 열정 있는 대학 생활을 했다. 잠과 바꾸며 공부했던 예전의 나는 사라지고 없었다. 친구들과 어울리며 놀기 바쁜 내 모습만 있을 뿐이었다.

어느 날 문득, 나는 나와의 속대화를 하게 됐다. 대학교 2학년을 앞둔 시기였다. 그날 나는 깨달았다. 지금의 내가 한심하다는 것을 말이다. 쥐구멍에 들어가고 싶을 정도로 나는 한심했다. 1년을 허무하게 보낸 내가 한심했다. 꿈을 좇아 살고 있는 내가 아닌, 사는 대로 생각하고 있는 내가 비참했다. 나는 절박했다. 다시 내 꿈을 쫓아가야만 했다. 나의 꿈을 좇는 방법은 단 한 가지였다. 자퇴밖에 없었다.

폭설이 내린 겨울, 나는 아무도 밟지 않은 눈길에 내가 다녀간 흔적만 남겨놓고 그렇게 자퇴를 했다. 꿈을 좇는 절박한 1년의 시간이 그렇게 시작됐다. 나는 다시 새롭게 태어나야만 했다. 다시 새롭게 시작해야만 했다. 내 꿈을 바라보며 새로운 계획을 세워야만 했다. 결론은 독학이었다. 절박한 독학만이 내 꿈을 이룰 수 있는 유일한 방법이었다. 그 절박한 독학으로 나는 다시 태어나야만 했다. 꿈을 생각하며 사는 내 인생으로 되돌려야만 했다.

혼공의 여정은 힘들었다. 누군가에게 쉽게 터놓고 말할 수 없었다. 누군가를 만나는 시간은 내게는 사치였다. 그만큼 나는 절박했다. 모든 것이 다 내가 감당해야 할 내 몫이었다. 개념이 머리에 잘 들어오지 않는 날도 나는 스스로 감당해야만 했다. 다른 누군가가 대신 해줄 수 없었다. 오직 혼자서 고민하며 해결방법을 찾아야만 했다. 문제가 잘 풀리지 않은 날 역시 스스로 감당해야만 할 내 몫이었다.

하지만 포기하지 않았다. 이 힘든 상황을, 이 힘든 여정을 버텨내야만 했다. 절박한 마음으로 끝까지 버텨내고 끝까지 이겨내야 했다. 마음이 힘든 날은 스스로 다독여야만 했다. 스스로 다독이고 위로해야만 했다. 내 꿈을 보라고, 오직 그 꿈을 쳐다보고 버티라며 말했다. 하루에도 수십 번씩 무너지려는 나를 붙잡고서 하염없이 다독이고 위로했다.

나에게는 타고난 기술도 없었다. 뛰어난 재능도 없었다. 소위 말하는 금수저 집안에서 태어난 것도 아니었다. 뛰어난 것 하나 없는 평범한 나였다. 하지만 내게는 간절한 꿈이 있었다. 평범한 내가 간절한 꿈을 이루기 위해서는 공부밖에 없었다. 내 삶의 주인으로 살기 위해서 나는 공부만 했어야했다. 나는 내 삶의 주인으로 살고 싶었다. 그 마음은 간절했다.

오직 내게는 공부만이 그 간절한 마음을 이루게 해줄 수 있었다. 이런 절박한 마음은 나를 더욱 벼랑 끝으로 내몰았다. 공부가 아니면 마치 내 삶의 주인으로 살지 못할 것 같은 느낌이 들었다. 벼랑 끝으로 내몰릴수록 나는 처절하게 공부했다. 벼랑 끝에 서 있는 나를 구해줄 수 있는 사람 또한 나밖에 없었다. 나는 동아줄을 붙잡고 벼랑 끝에 선 나를 구출해야만 했다. 평범한 내가 동아줄을 만드는 방법은 단 한 가지였다. 공부 동아줄이었다. 나의 간절한 꿈까지 올라갈 수 있는 강한 동아줄을 만들어야만 했다. 중간에 끊어지지 않게, 저 멀리 올라가도 버틸 수 있는 그런 동아줄을 만들어야만 했다.

매일 도서관을 향했다. 목이 늘어난 흰 티에, 트레이닝 바지를 입고 공부하러 다녔다. 나는 단 하루도 쉬지 않았다. 월요일부터 일요일까지 나는 매일 그렇게 도서관을 갔다. 그리고 의자에 앉았다. 의자에 앉아서 쉼 없이 공부를 했다. 공부만이 나의 동아줄이었기 때문이다. 몸이 심하게 아픈 날도 나는 도서관을 갔다. 그리고 의자에 앉았다. 책상에 엎드려 버텼다. 공부를 할 수 있는 몸 상태가 아니어도 나는 무조건 의자에 앉아서 버텼다. 머리를 붙잡고 책을 봤다. 약을 먹고 버텼다.

내 아픔은 항상 간절함보다 작았다. 그래서 나는 버틸 수 있었다. 독하다는 말을 들을 정도로 나는 버텼다. 아프다는 핑계로 공부를 미룰 수 없었다. 벼랑 끝에 서 있는 내게 아픔은 아무것도 아니었다. 이미 나는 벼랑 끝에 내몰려 있었다. 이 간절함보다 더 큰 시련은 없었다. 그 간절한 마음이 나를 종일 공부하게끔 만들었다.

꿈을 쫓아가고도 남을 공부 동아줄을 내게 선물하다

나는 하루 13시간을 공부했다. 이 시간도 내게는 부족한 시간인 것처럼 느껴졌다. 절박함이 내 마음을 그렇게 만들었다. 내가 할 수 있는 최선을 다했다. 매일매일 오늘이 마지막 날인 것처럼 그렇게 공부했다. 참고서를 백 번을 봤다. 단 하루도 빠지지 않고 참고서를 읽었다. 한 번 읽을 때마다 참고서 맨 앞장에 회독수를 체크했다. 백 번을 완벽하게 읽은 후 수능을 보리라 다짐했다. 모든 참고서가 백 번이 체크될 때까지 나는 의자에서 일어나지 않았다. 모든 열정을 쏟아 공부했다.

도저히 내 것이 안 되는 수리 영역은 93년도부터의 기출 문제를 다 뽑았다. 한 권의 책으로 만들었다. 그리고는 무식하게 다 외웠다. 문제를 외웠다. 풀이법도 다 외웠다. 풀이법을 이해하려고 하지 않고 무작정 외운 것도 많았다. 내가 만든 한 권의 기출 문제집 또한 백 번을 봤다. 앞의 첫 문장만 읽어도 어떤 문제였는지 술술 나올 정도로 외웠다. 그리고 그 풀이법은 어떻게 됐는지, 정답은 몇 번이었는지 머릿속에서 정리가 될 정도로 봤다.

어느 덧 9월 모의고사가 다가왔다. 나는 혼공을 한 후 단 한 번도 모의고사를 보지 않았다. 집 근처의 재수 학원에서 9월 모의고사를 보게 됐다. 나의 발목을 잡던 수리 영역의 풀이법이 보였다. 문제를 읽으면 그 문제와 유사한 풀이법이 떠올랐다. 머릿속으로 암기한 풀이법을 그 문제에 적힌 숫자로 바꿔서 대입해봤다. ①번부터 ⑤번 보기 사이에 내가 푼 숫자가 있었다. 집에 와서 채점을 했고, 외워서 푼 수리 영역이 놀랍게도 다 맞았다.

한 달이 지난 뒤, 나는 9월 모의고사 성적표를 받기 위해 재수 학원을 다시 갔다. 그리고 내 성적표를 찾기 위해 주위를 두리번거렸다. 마침 지나가는 선생님이 눈에 보였다.

"안녕하세요. 9월 모의고사 성적표 받으러 왔어요. 이름은 오지영입니다."

"아, 오지영 학생! 안 그래도 따로 빼놓고 있었어요. 다른 학원 다녀요? 왜 우리 학원에서 시험을 봤어요?"

"아, 저는 도서관에서 혼자 공부하고 있어요."

"아이고, 대단하네. 학생 성적표 보니까 수리 빼고 다 1등급이더라고. 혼자서 공부하는 게 쉬운 일이 아닌데. 기특해서 모의고사 응시료 다시 돌려줄게요. 그 돈을 학생을 위해서 써요. 그리고 수능 잘 봐요. 응원할게요."

우연히 만난 그 분은 그 학원의 원장이었다. 나의 모의고사 성적표를 보고 나를 기다렸다고 했다. 그리고선 모의고사 응시료를 내게 돌려줬다. 나의 간절함을 하늘도 알아준 날이었다. 간절함의 선물로 신은 그날 내게 모의고사 응시료를 돌려줬다. 그 돈은 나의 간절함의 증표였다. 나는 그 돈을 서랍에 넣어놓고 절대로 쓰지 않으리라 다짐했다.

어느 덧 11월이 다가왔고 나는 수능시험을 봤다. 그 날은 모든 것이 내 편이었다. 컨디션이 좋았다. 자리 배치도 맨 뒷자리라서 마음에 들었다. 문제를 풀고 있지만 마치 도서관에서 혼자 공부하는 느낌이 들었다. 언어, 외국어는 늘 했던 훈련법으로 풀었다. 사탐은 백 번을 넘게 봤기에 정답이 눈에 들어왔다. 수리 영역은 무식하게 외운 풀이법을 대입해서 풀었다. 그 결과 나는 1등급을 받았다. 그리고 벼랑 끝에 서 있던 내게 그토록 원하던 동아줄을 내밀었다. 그날 나는 내 꿈을 좇아가고도 남을 만큼의 튼튼한 동아줄을 내게 선물했다. 그리고 나는 그 동아줄을 꼭 붙잡았다. 공부 동아줄 덕에 나는 내 꿈을 잡았다. 그렇게 절박함은 나를 1등급으로 만들었다.

3

왜 혼공 결심만 하고 실천하지 않을까?

해야 할 일은 과감히 하라. 결심한 일은 반드시 실행하라.
– 벤자민 프랭클린

내게는 과연 공부 열정이 있는가?

베토벤은 35년간 무려 이사를 79번이나 했다고 한다. 그 이유는 단순하다. 그가 종일 피아노를 쳤기 때문이다. 그는 작곡해야겠다고 마음을 먹으면 끝장을 봤다. 곡이 완성될 때까지 그는 아침부터 밤까지 피아노를 쳤다. 음악에 깊이 빠질수록 아침과 밤을 구분하지 않고 피아노를 쳤다. 베토벤은 작곡이 잘 되지 않는 날은 늦은 밤까지 방안을 걸어 다니곤 했다. 그의 발소리와 피아노 소리에 동네 주민들은 잠을 이룰 수 없었다.

동네 주민들은 수시로 베토벤의 집을 찾아가 조용히 해 달라고 부탁했다. 하지만 그다음 날도 베토벤은 밤늦게까지 피아노를 쳤다. 베토벤은 악상이 떠오르면 바로 실천했다. 곡이 완성되지 않으면 완성되는 순간까지 포기하지 않았다. 심지어 그는 귓병을 앓고 있었음에도 종일 작곡을 했다. 결국, 이런 일이 자꾸 반복되다 보니 베토벤은 79번이나 이사할 수밖에 없었던 것이다.

베토벤은 악상이 떠오르면 종일 작곡을 했다. 오직 그의 머릿속에는 음악밖에 없었다. 음악과 관련 없는 일은 그의 관심 밖이었다. 그의 삶은 온통 음악을 중심으로 돌아갔다. 음악으로 하루를 시작하고, 음악으로 하루를 마무리했다. 그의 이런 실천이 그를 노력의 천재로 만들었다. 훗날 귀가 들리지 않았음에도 그는 훌륭한 곡을 작곡했다. 그 노력의 결실로 우리는 그를 천재 작곡가라고 부른다.

새로운 학년이 되면 우리가 늘 하는 행동이 있다. 바로 공부 계획 세우기다. '올해는 정말 열심히 공부해야지.' 하며 나의 공부 계획표를 작성한다. 새로운 문제집, 새로운 참고서도 산다. 새로 산 책을 보며 혼자서 공부할 시간도 계획한다. 무리하지 않을까 싶을 만큼의 공부 시간을 정해서 계획표를 작성한다. 하지만 막상 3월이 되면, 그 책은 여전히 새 책이다. 때로는 그 책을 한 번도 보지 않은 체 1년이 지나가기도 한다.

당신이 혼공 결심만 하고 실천하지 않는 이유는 무엇일까? 공부에 대한 열정이 부족하기 때문이다. 혼공을 결심했다면 당신의 삶이 공부로 시작해서 공부로 끝나야만 한다. 하지만 아직 당신의 머릿속에는 공부

외의 중요한 것들이 너무나 많다. 그래서 공부를 중심으로 하루가 돌아가지 않는다. 그 잡다한 생각들로 하루를 시작하게 된다. 잡다한 생각이 많으면 많을수록 공부가 그 자리를 비집고 들어갈 수가 없다.

오늘부터 혼공하기로 결심했다면 공부 이외의 것은 과감하게 잘라내야 한다. 당신의 잡다한 생각들을 매섭게 끊어내야만 하는 것이다. 그렇지 않으면 혼공을 실천할 수 없다. 결심만 해놓고 뒤돌아서면 잊어먹는 식이 되는 것이다. 예를 들어 친구 만나기가 항상 우선순위였다면 친구를 만나지 않아야 한다. 친구 만나기라는 생각 자체를 끊어내야만 한다. 게임하기가 우선순위라면 게임과 관련된 모든 것을 다 끊어야 한다. 진심으로 성적을 올리고 싶다면 과감하게 컴퓨터를 버릴 줄도 알아야 한다.

우리가 혼공을 결심하는 이유는 간단하다. 간절한 나의 꿈을 오직 혼공으로만 성취할 수 있다는 믿음 때문이다. 그 어떤 다른 수단으로는 나의 꿈을 성취할 수 없다. 오직 혼공으로만 해결할 수 있다. 그렇기 때문에 우리는 혼공을 결심하는 것이다. 하지만 그 혼공을 실천하려면 열정이 필요하다. 열정이 샘솟지 않으면 혼공을 실천하기 힘들기 때문이다. 내 머릿속에 잡다한 생각이 많이 있으면 절대로 공부 열정이 나올 수 없다. 공부 열정이라는 씨앗을 뿌리지만, 잡다한 잡초 같은 생각이 그 씨앗을 뭉개버린다. 싹을 틔울 수 없게 만들어버린다.

잡초 같은 잡다한 생각은 생명력이 강하다. 한번 뿌리를 내리기 시작하면 내 머릿속에 금방 퍼뜨리게 된다. 우리가 과감하게 잡초의 뿌리를 뽑아내는 것처럼 당신의 잡다한 생각 또한 뿌리째 뽑아내야만 한다. 그래야 혼공을 꾸준히 실천할 수 있다.

사소한 습관이 쌓이면 나의 일상이 된다

당신의 사소한 습관 역시 당신이 혼공 결심만 하고 실천하지 못하는 이유다. 아무리 거창한 혼공 계획을 세웠어도 당신이 실천하지 않으면 아무 소용이 없다. 당신의 혼공 계획은 아무 의미가 없는 것이다. 어떤 행동의 결과는 항상 원인이 있다. 원인 없는 결과는 존재하지 않는다. 그래서 혼공을 방해할 수 있는 잘못된 습관은 바로 없애야만 한다.

잠시 머리를 식히겠다는 이유로 핸드폰을 한 번 보게 되면, 그 행동은 그다음 날 나를 핸드폰을 두 번 보게 만든다. 두 번 본 핸드폰은 다음 날 세 번 보게 된다. 결국 이 습관이 계속 쌓이면 어떻게 될까? 책은 펼쳐졌지만, 핸드폰만 들여다보고 있는 나로 변하게 된다. 한번 들여다본 핸드폰이 결국 나를 이렇게 변하게 만드는 것이다. 사소해 보이는 행동도 계속 반복을 하게 되면 결국 나의 습관이 된다. 그래서 사소한 습관을 어떻게 만드느냐에 따라 혼공 실천의 당락이 결정되는 것이다. 혼공을 결심했다면 사소한 습관 하나하나 주의해야 한다.

스스로에 대한 부족한 믿음 역시 혼공을 실천하지 못하는 이유다. 혼공을 시작하면 많은 것을 스스로 계획하고 스스로 해결해야만 한다. 자신의 마음을 잘 다스릴 줄 알아야 한다. 그리고 효과적인 공부법이 내 것이 되게끔 처절한 노력을 해야 한다. 이 모든 것을 다 성공하려면 나를 믿어야 한다. 혼공을 해도 성적이 오른다는 강한 믿음을 가져야 한다. 혼공 결심을 한 나를 지지하고 응원해야 한다. 그래야 혼공을 꾸준히 실천할 수 있다.

나에 대한 믿음이 부족하면 내가 나를 시험에 빠지게 만든다. 자꾸 부정적인 내 모습이 내게 물어본다. '네가 정말 혼공으로 성적을 올릴 수 있겠어? 이 공부법이 정말 맞는 것 같아?'라며 자꾸 나를 궁지에 내몰리는 질문을 하게 된다. 내 안에 자꾸 부정적인 질문이 쌓이다보면 평지처럼 느껴졌던 혼공이 넘지 못할 큰 산처럼 느껴진다. 산으로 느껴지는 순간 바로 혼공을 포기하게 된다. 포기하는 순간 나의 혼공은 물 건너가는 것이다.

혼공을 실천하려면 혼공을 할 수 있다는 강한 믿음을 가져야 한다. 성적이 당장 오르지 않아도 언제나 내 편이 돼야 한다. 옆에서 나를 응원하고 지지해줄 수 있는 사람은 다른 누군가가 아니다. 오직 나 자신이다. 부정적인 질문이 생기지 않게 매일 나를 다독여야 한다. 스스로 잘하고 있다고 격려하고 응원해야 한다. 그렇지 않으면 결심만 하고 실천을 할 수 없게 된다.

나는 1년간 도서관에서 혼공을 했다. 도서관 화장실을 갈 때면 항상 거울을 쳐다봤다. 그리고 내 얼굴을 보며 속으로 외쳤다. '지영아, 잘하고 있어. 오늘도 정말 잘하고 있어.'라고 말이다. 개념이 머릿속에 들어오지 않는 날은 나를 탓하지 않았다. '오늘은 어려운 내용이야. 내일이면 더 쉬울 거야. 할 수 있어.'라고 지지했다. 문제를 많이 틀린 날은 '내가 놓쳤던 부분을 오늘 알게 돼서 다행이야. 그 부분을 좀 더 집중적으로 공부하면 돼.' 하고 응원했다. 마음이 지치고 힘든 날은 더 자주 화장실을 찾아갔다. 그리고 거울을 많이 들여다봤다. 나에게 잘하고 있다고 응원하고 다독였다.

혼공은 말 그대로 나 혼자 의자에 앉아 공부하는 게 혼공이다. 다른 친구와 함께 다니며 공부를 하는 것은 절대 혼공이 아니다. 혼공은 계속 나를 다독이고 나를 믿어야만 한다. 긍정적인 마음으로 강하게 나를 믿어야만 한다. 나를 믿는 만큼 혼공을 실천할 수 있다. 그리고 혼공을 꾸준히 실천한 만큼 성적 향상이라는 결실로 내게 보상을 줄 것이다.

혼공을 처음 결심하면 두려움이 밀려온다. 과연 내가 혼자서 잘 해낼 수 있을까 하는 생각이 강하게 들기 때문이다. 하지만 걱정하지 않아도 된다. 나를 믿고 혼공을 실천한 순간, 그 두려움은 어느새 사라질 것이다. 혼공을 통해 성적이 올라갈수록 공부 위주로 돌아가는 내 삶을 볼 것이다. 공부에 대한 열정이 솟을 것이다. 그리고 나의 사소한 행동 하나하나 모두 공부를 위한 행동으로 변할 것이다. 이렇게 혼공 실천이라는 작은 출발이 나에게는 엄청난 공부 변화를 줄 것이다. 그러니 고민할 필요가 없다. 결심만 하지 말고 지금 당장 혼공을 실천하라.

4

결국은 혼자 공부하는 양이다

절대로, 절대로, 절대로, 절대로 포기하지 마라.
– 윈스턴 처칠

우리는 반드시 노력의 천재가 돼야 한다

당신은 당신 스스로를 어떻게 생각하는가? 평범하다고 생각하는가? 아니면 뛰어난 천재라고 생각하는가? 만일 당신이 당신 스스로를 뛰어난 천재라고 생각한다면 지금 바로 입증하면 된다. 세계 최고 천재라는 것을 말이다. 하지만 만일 당신이 평범하다고 생각한다면 당신은 노력의 천재가 돼야만 한다. 학창 시절 노력의 천재가 되는 방법은 간단하다. 혼자 공부하는 양을 늘리면 된다. 매일 매일 어제보다 더 많은 시간을 늘리며 공부하면 된다. 혼자 공부하는 양이 많을수록 당신은 노력의 천재가 되는 것이다.

노력의 천재가 되려면 혼자 공부하는 양이 많아야 한다. 혼자 공부하는 양이 많으려면 공부를 습관으로 만들어야 한다. 습관으로 만드는 방법은 간단하다. 오랜 시간 의자에 앉아서 공부하면 된다. 집중이 되지 않아도 의자에 앉아 있어야만 한다. 공부를 나의 습관으로 만들려면 그만큼 많은 노력을 해야 하기 때문이다. 그러니 나의 공부가 잠재의식에 입력될 때까지 공부해야 한다. 의식적으로 공부하지 않고, 무의식적으로 공부할 때까지 혼자 공부해야 하는 것이다.

누군가가 "왜 공부를 하나요?"라고 물었을 때 "나의 일상입니다."라고 말할 수 있을 때까지 공부를 해야만 한다. 누군가는 밥을 먹을 때 TV리모컨을 찾는다. 그리고 TV를 켠 후, 밥을 먹으며 TV 프로그램을 시청한다. 이 사람은 의식적으로 TV 리모컨을 찾았을까? 아니다. 밥을 먹을 때 TV를 함께 보는 게 하나의 습관인 것이다. 습관이 쌓이다 보니 그의 일상이 됐다. 그래서 밥을 먹을 때 무의식적으로 TV 리모컨을 찾게 되는 것이다.

밥을 먹을 때 무의식적으로 TV 리모컨을 찾는 것처럼 공부 역시 그렇게 해야만 한다. 지금 하는 공부의 시간보다 더 많은 시간을 공부 시간에 투자해야 한다. 습관이 되면 의자에 앉아 있는 내 모습이 어색하지 않다. 내가 매일 밥 먹는 것처럼 자연스러운 행동이 된다. 자연스러운 행동이 되면 공부하고 있지 않은 내 모습이 어색해진다. 그래서 자신도 모르게 의자에 앉아 있는 자신을 보게 된다. 그리고 일상처럼 공부하고 있는 자신을 발견하게 된다.

공부를 습관으로 만드는 것은 대단히 중요하다. 특히 학년이 올라갈수록 성적을 올리고 싶다면 공부를 내 일상이 되게 해야 한다. 공부를 중심으로 하루가 돌아가야 한다. 내가 하는 생각과 내가 하는 행동의 중심에 모두 공부가 있어야 한다. 그렇게 일상이 돼야 혼자 공부하는 시간이 많아진다. 혼자 공부하는 시간이 많아야 혼자 공부하는 양이 많아지는 것이다. 그 양이 쌓이고 쌓일수록 내 머릿속에 많은 개념이 들어온다.

많은 개념이 들어오면 문제를 풀 때마다 답이 내 눈에 들어온다. 답이 내 눈에 들어오면 그때부터 내게 공부는 어려운 것이 아니다. 공부가 이제는 재미있는 놀이처럼 느껴지는 것이다. 이처럼 공부를 재미있는 놀이로 여겼던 사람이 있다. 그는 바로 최고의 과학자인 리처드 파인만이다. 그는 물리학에 크게 공헌한 것을 인정받아 노벨상을 받게 됐다. 그가 물리학을 연구할 수 있었던 비결은 무엇일까? 바로 아침에 눈 뜬 순간부터 밤에 잠들기 전까지 오직 물리만 생각한 것이다.

그에게 물리는 공부가 아니었다. 일종의 놀이였다. 그래서 그의 삶은 물리를 중심으로 돌아갔다. 어떤 물건을 보든, 어떤 장소에 가든 모든 것을 물리와 연관지었다. 그래서 다양한 생각을 할 수 있었고, 많은 것을 발견할 때마다 그것에 재미를 느낀 것이다. 그는 물리학을 재미있는 놀이로 생각했다. 어떤 사소한 현상, 누군가의 사소한 행동까지 놓치지 않았다. 모든 것을 물리라는 놀이로 바라보고 물리라는 놀이로 해석했다. 그 결과 그는 최고의 과학자로 인정받게 된 것이다.

혼공을 하는 우리는 그의 마음을 본받아야 한다. 공부를 놀이로 생각해야 한다. 공부를 일종의 재미있는 놀이로 받아들여야 한다. 누군가의 생각, 누군가의 지혜가 적힌 재미있는 놀이로 받아들여야 하는 것이다. 재미있는 놀이로 받아들이려면 반드시 공부가 습관이 돼야 한다. 그리고 내 일상이 돼야 한다. 일상이 돼야 사소한 누군가의 행동, 어떤 현상을 봐도 공부와 연관 지을 수 있는 것이다.

또한 혼공으로 성적을 올리려면 백 번, 천 번을 읽는다는 마음으로 공부해야 한다. 백 번, 천 번을 읽으려면 혼자 공부하는 시간이 많아야 한다. 혼자 공부하는 시간이 많으면 혼자 공부하는 양이 저절로 많아지는 것이다. 우리가 공부를 할 때 백 번, 천 번을 읽는 이유는 간단하다. 모든 개념을 내 것으로 만들기 위함이다. 내 것으로 만드는 것은 쉽게 되지 않는다. 그만큼 많은 시간과 많은 노력이 필요하다.

그 노력과 시간은 우리가 훔칠 수 없다. 오직 내 시간과 내 노력으로만 가능한 것이다. 내 시간과 내 노력을 들여 나의 것으로 만들어야 한다. 나의 것으로 만들기 위해서는 기초가 튼튼해야 한다. 기초를 튼튼히 쌓는 작업이 백 번 읽는 것이라면, 튼튼히 쌓은 기초를 응용하는 능력이 천 번 읽는 것이다. 백 번을 읽으면 기초가 탄탄해진다. 어떤 개념이든 술술 말할 수 있다. 하지만 백 번 읽었다고 해서 내가 그 개념을 응용할 수는 없다. 응용하려면 더 많은 시간과 노력이 필요하다. 그렇기 때문에 혼자 공부하는 양이 많아야 하는 것이다.

혼자 공부하는 양은 나만의 공부법을 찾기 위함이다

혼자 공부하는 양이 많을수록 오직 나만을 위한 공부법을 찾을 수 있다. 내가 개발해 낸 오직 나만을 위한 공부법을 만들 수 있는 것이다. 누군가에게 배운 효과적인 공부 전략은 머리로는 이해할 수 있다. 그래서 그 효과적인 전략은 짧은 시간에도 적용할 수 있다. 하지만 누군가가 알려준 공부법으로만 공부한다면 꾸준히 성적이 오르지 않는다.

그 비결에 오직 나만을 위한 전략을 더 만들어야 한다. 그 두 가지를 함께 사용해야 학년이 올라갈수록 성적이 오르는 것이다. 오직 나만을 위한 전략은 짧은 시간에 파악할 수 없다. 많은 시간을 들여야 한다. 시행착오를 많이 겪어야 하는 것이다. 많이 겪으면 겪을수록 나만을 위한 공부법을 찾을 수 있다. 그리고 응용할 수 있다. 그 시행착오를 겪기 위해서는 많은 시간을 의자에 앉아서 혼자 공부해야 한다.

혼자서 공부하는 시간이 많으면 혼자서 공부하는 양이 많은 것이다. 혼자서 공부하는 양이 많을수록 오직 나만의 공부법을 알게 된다. 깨닫게 된다. 그리고 그것을 예전에 알고 있던 전략과 함께 사용하면 된다. 그럼 시너지 효과가 발휘되는 것이다. 이 모든 게 함께 어우러질 때 내 성적이 올라가는 것이다. 나만의 공부법은 절대 쉽게 얻지 못한다. 열심히 공부한 사람에게만 보이는 신의 선물이다. 그렇기 때문에 혼자서 공부하는 양이 많은 사람에게는 반드시 그 선물이 보일 것이다.

고등학생 시절, 나는 항상 수리 영역이 두려웠다. 제일 높게 나온 등급은 항상 3~4등급이었다. 그래서 혼공을 막 시작했을 때 수리 영역을 생각하면 겁부터 났다. 나는 수리 영역 전략을 반드시 알아야만 했다.

수리 영역을 잘하는 친구, 고등학교 과외 선생님을 통해 효과적인 수리 영역 공부법을 알게 됐다. 효과적인 공부법은 나의 수학 수준을 파악한 후, 기초를 탄탄히 쌓는 것이었다. 그래서 나는 초등학교 3학년 수준부터 다시 공부했다. 하지만 기초 공사를 튼튼히 했어도 수리 영역은 내 생각만큼 점수가 오르지 않았다. 그 결과 혼자서 공부하는 양이 많아질수록 계속해서 시행착오를 겪었다. 그러던 중, 내가 암기했던 풀이법을 다른 수학 문제에 적용했더니 정답이 되는 신기한 경험을 했다. 신이 내게 준 나를 위한 공부법이었던 것이다. 그 날로 나는 모든 수리 영역 기출 문제를 뽑았다. 그리고 문제와 정답을 모조리 외웠다. 나는 기존에 알고 있던 학습 전략에 오직 나만을 위한 전략을 새로 만든 것이다. 이 둘을 합하니 나의 수리 영역 등급은 목표했던 2등급까지 올라갈 수 있었다.

혼자서 공부하는 양을 점차 늘리겠다고 생각하면 안 된다. 무리가 되지 않을까 싶을 정도로 많은 양을 계획해야 한다. 혼자서 공부하는 시간이 많으면 혼자서 공부하는 양이 많은 것이다. 그렇기 때문에 혼자서 공부하는 시간을 길게 잡아야 한다. 13시간을 목표로 한다면 당장 13시간을 앉아야만 한다. 습관이 되기 전까지 어떻게든 13시간을 붙잡고 있어야만 한다. 처음에는 물론 힘들 것이다. 때로는 포기하고 싶을 때도 있다. 하지만 혼자서 공부하는 양이 많아야 나에게 많은 선물이 보인다. 그 선물을 내 것으로 만들어야 학년이 올라갈수록 성적이 오르는 것이다. 절대 포기하지 마라. 그리고 신이 나를 위해 숨겨놓은 선물을 모두 내 것으로 만들어라.

핵심노트 ⑨ 이것만은 꼭 기억하자!

교과별 공부법, 제대로 알자!

1.국어 영역

1) 문학

고전문학은 하루에 최소 1개씩은 봐야 한다. 자투리 시간을 활용해서 고전문학을 읽도록 하자. 어떤 문학 지문이든 읽고 난 후에는 떠오르는 느낌과 생각을 적어야 한다. 이때 떠오르는 느낌과 생각을 나의 주관적인 생각으로 정리하지 말자. 철저히 지문 안에 담긴 단어, 문장을 활용해서 적도록 한다.

만일 떠오르는 생각이나 느낌이 '기뻐함, 희망'이라면 왜 그렇게 생각했는지 그 근거를 지문 속 내용을 활용해서 적는 것이다. 그리고 그것을 토대로 이 문학 작품의 주제가 무엇인지 적어보는 것이다. 이 과정을 거친 후, 그 문학작품과 관련된 주제를 해설서를 보며 확인한다. 그리고 내가 적은 내용과 비슷한지 확인한다. 이 과정을 반복해서 훈련해야 문학 작품을 정확하게 푸는 능력이 생긴다.

2) 비문학 / 쓰기

비문학은 철저히 객관적인 근거를 찾는 훈련을 해야 한다. 문제를 본 후, 그 문제의 보기 ①번부터 ⑤번과 관련된 내용을 지문에서 찾아서 적는 것이다. 2020년 수능 짝수형 16번 문제를 예로 들어 설명하겠다. 16번 문제는 '윗글에서 답을 찾을 수 있는 질문에 해당하지 않은 것은?'이라는 문제다. 그리고 보기 ①번은 '임의의 명제에 대해 어떤 믿음의 태도를 가질 수 있을까?'라는 내용이다. 그렇다면 이 믿음의 태도와 관련된 내용이 지문 어디에 있는지 확인한다. 그리고 찾았다면 그 내용을 ①번 옆에 간단히 적는 것이다. 나머지 ②번부터 ⑤번도 마찬가지다. 그 내용과 관련된 내용을 철저히 지문에서 찾는다. 찾지 못하거나 지문에 내용이 없다면 그게 바로 정답이 된다.

이 훈련을 처음 시작할 때는 한 문제에 1시간 이상씩 소요될 수 있다. 나 또한 그랬다. 하지만 괜찮다. 계속해서 훈련을 하다 보면 조금씩 속도가 빨라지는 것을 느낄 것이다.

2. 수리 영역

1) 기초부터 제대로 쌓자

수리는 기초가 탄탄해야 한다. 따라서 지금 내 수준을 파악해야 한다. 나의 수준을 찾는 방법은 간단하다. 서점에 가서 초등학교 3학년 문제집을 찾아라. 그리고 눈으로 풀어라. 4학년, 5학년 등 계속 한 단계씩 올려서 눈으로 풀어라. 만일 초등학교 6학년 문제가 풀리지 않는다면, 현재 내 수준은 초등학교 6학년이다. 비록 지금 내가 고등학교 2학년일지라도, 초등학교 6학년 문제부터 다시 시작해야하는 것이다. 기초를 제대로 쌓아야 수리 영역의 점수를 올릴 수 있다.

2) 무식하게 외우는 것도 하나의 방법이다

아무리 봐도 이해가 잘 되지 않는 문제는 무식하게 외워도 된다. 나 또한 그랬다. 최근 10년간의 수리 영역 기출 문제를 뽑아서 무식하게 외워라. 문제와 풀이 방법을 통째로 외워라. 그리고 외운 문제와 비슷한 문제가 보이면 그 풀이 방법을 그대로 응용해보라. 이 또한 수리 영역 점수를 올리는 데 좋은 방법이 된다.

5

성적 올리는 비결, 결국 혼공이다

인간은 스스로 믿는 대로 된다.
– 안톤 체호프

낚싯대를 잡고, 스스로 공부 물고기를 잡아라

평범한 대학교 1학년이었던 내가 자퇴를 했다. 그리고 혼자 공부를 택했다. 그 평범했던 대학생은 1년 동안 혼자 공부를 했다. 교육대에 가겠다는 간절한 꿈을 품으며 말이다. 그렇게 1년 동안 혼공을 하니 나는 효과적인 공부법을 알게 됐다. 효과적인 공부법이 내 것이 된 것이다. 그 쾌감은 이루 말할 수 없었다. 비가 내리던 문제집이 동그라미로 변하고 있었다. 동그라미의 개수가 많아질수록 혼공은 내게 공부가 재미있다는 것을 알려줬다. 공부가 재미있을수록 내 꿈을 이룰 수 있겠다는 강한 확신이 생겼다. 그 강한 확신은 공부에 대한 자신감을 선물로 줬다. 공부에 대한 자신감은 결국 나의 수능 점수를 1등급으로 만들었다.

내가 자퇴를 하고 난 후, 만일 재수 학원에 다녔다면 성적을 올릴 수 있었을까? 아마 혼공을 했을 때보다 성적을 올리지 못했을 것이다. 재수 학원에 있는 선생님은 내게 물고기를 계속 던져줬을 것이고, 나는 그 물고기를 잡는 방법을 익히지 못한 채 수능 시험을 보러 갔을 테니 말이다.

하지만 혼공은 다르다. 혼공은 시작된 순간 내 손에 낚싯대가 쥐어진다. 그리고 교과라는 물고기가 내 앞에 떠다닌다. 어떻게든 그 물고기를 잡아야만 한다. 주변에서 그 물고기를 잡는 법을 알려주는 사람은 없다. 오직 스스로 익히고 스스로 터득해야 한다.

낚싯대의 사용법을 모르기 때문에 처음부터 난관에 부딪힌다. 낚싯대 사용법을 익히는 데 많은 시간이 할애된다. 하지만 그 많은 시간을 통해 낚싯대 사용법을 익히게 된다면 이제 그 감을 잃을 일은 결코 없다. 이제 낚싯대를 사용해서 물고기를 잘 잡으면 된다. 물고기마다 잡는 요령은 다를 것이다. 그것 또한 내가 스스로 익혀야 한다. 국어 영역 물고기, 수리 영역 물고기, 외국어 영역 물고기, 사탐/과탐 물고기 총 4마리의 고기가 있다.

물고기마다 특징이 다 다르다. 그 특징을 파악하는 것 역시 내 몫이다. 물고기가 언제 나의 미끼를 무는지 파악해야 한다. 그리고 어느 타이밍에 물고기를 끌어 올려야 하는지도 모두 다 나 스스로 파악해야만 한다.

계속 물고기가 잡히지 않는다고 해서 포기하면 안 된다. 한 마리라도 잡힐 때까지 최선을 다해야만 한다.

최선을 다하다 보면 어느 순간 물고기 한 마리가 내게 잡힌다. 잡힌 순간, 그 물고기를 잡는 법을 완벽하게 알게 되는 것이다. 이런 식으로 계속해서 남은 물고기를 잡는 법을 익힌다. 모든 물고기를 다 낚아챈 순간, 당신은 이제 물고기를 다 풀어줘도 된다. 물고기를 잡는 법을 완벽히 알았기 때문이다. 물고기를 풀어줬어도 괜찮다. 당신이 익힌 감으로 다시 물고기를 잡으면 되니 말이다. 모든 물고기는 완벽하게 당신에게 다시 잡힐 것이다.

이렇게 물고기를 잡기까지의 과정이 혼공이다. 물고기를 잡는 요령은 교과별 효과적인 공부법이다. 그리고 물고기를 모두 잡았다는 것은 당신이 모든 전략을 익혔다는 것이다. 모든 전략을 익히고 나면 두려울 것이 없다. 당신은 교과별 전략을 모두 깨우쳤기 때문이다. 이제 물고기를 풀어줘도 된다. 물고기를 다시 잡는 것은 수능을 보는 것과 같다. 내가 이미 깨우친 전략으로 한번 잡았던 물고기들을 다시 잡으면 된다. 그렇게 해서 다시 잡힌 물고기는 당신의 성적이다. 혼자서 공부한 결과 당신은 1등급의 성적을 받을 것이다.

혼공을 시작하면 많은 어려움에 부딪히게 된다. 완벽한 시간 관리, 교과별 학습 전략 등 공부와 관련된 모든 것을 스스로 결정하고 스스로 해결해야만 한다. 이렇게 스스로 해야 하는 것이 많으므로 부담감 역시 크다. 하지만 스스로 하는 만큼 얻는 것 또한 많아진다. 얻는 것이 많아질수록 모든 것의 정답은 내 안에 있다는 깨달음을 얻게 된다. 공부할 때의 이 깨달음은 매우 중요하다. 바로 혼공을 지속하면서 성적을 올릴 수 있는 비결이기 때문이다.

혼자 공부는 '나'의 언어로 바꾸는 과정이다

모든 것의 정답이 내 안에 있다는 깨달음을 얻게 되는 순간 공부에 대한 자신감이 생긴다. 그리고 그 자신감은 나에 대한 강한 믿음으로 변한다. 나에 대한 확신이 생기면서 저절로 혼자서 공부하는 시간이 많아지게 된다. 그리고 나를 믿는 만큼 효과적인 공부법을 빨리 찾아낼 수 있다. 물론 혼자서 공부를 하면 많은 시행착오를 겪게 된다. 풀리지 않는 문제가 생기거나 읽어도 도저히 이해가 안 되는 개념이 생기기도 한다.

만일 혼공이 아닌 누군가의 도움을 받는 공부라면 이런 시행착오를 겪을 수 있을까? 아마 시행착오를 겪기도 전에 누군가가 이미 그 어려운 문제와 관련된 정답을 알려주고 있을 것이다. 혹은 그 어려운 개념을 쉬운 말로 풀어주고 있을 것이다. 그러면 나는 그 문제나 개념이 나의 시행착오인지도 모른 체 그냥 지나가게 된다.

그냥 지나간 어려운 문제나 누군가의 언어로 풀이된 개념은 결국 내 것이 되지 않고 지나가게 된다. 마치 내가 알고 있는 것 같은 착각을 불러일으킨다. 시험 문제를 통해 틀리게 되면 그때서야 그 문제와 관련된 개념이 나의 시행착오였다는 사실을 깨닫게 되는 것이다.

하지만 혼자 공부는 다르다. 혼자 공부를 하는 순간 모든 개념을 나의 언어로 바꿔야 한다. 교과서나 참고서에 적힌 내용을 나의 언어로 해석하고 나의 언어로 설명해야 한다. 나에게 구체적으로 설명을 할 수 있어야 한다. 나의 언어로 해석이 안 되는 것이 바로 시행착오의 과정이다. 그 시행착오를 해결할 때마다 나는 효과적인 공부법을 터득하게 되는 것이다.

이 효과적인 공부법은 누군가를 통해 얻게 되는 것이 결코 아니다. 오직 나의 언어로 해석하고 설명하면서 공부해야 터득할 수 있는 깨달음이다. 그것을 터득하게 해주는 유일한 수단은 혼자 공부뿐이다. 나의 언어로 설명할 수 있는 개념이 많이 쌓이면 그때부터 공부에 대한 자신감이 생긴다. 또한, 나만의 언어로 설명했기 때문에 그 개념을 잊어버릴 일이 없다. 특히 여러 번의 시행착오를 겪은 후 깨닫게 된 개념은 더욱 그렇다. 완벽하게 나의 것이 된다. 여러 번의 시행착오를 겪을수록 학년이 올라갈수록 나의 성적이 오르는 것이다. 시행착오를 겪게 하는 유일한 수단은 혼자 공부밖에 없다.

이해가 안 되는 낱말의 뜻을 스스로 찾아보는 것 또한 시행착오가 된다. 스스로 찾아보는 과정 또한 공부가 되기 때문이다. 나 역시 혼자 공

6

5등급도 성적을 올릴 수 있다

결승선에 대한 어떤 정해진 생각이 있었다면
내가 그 결승선을 이미 몇 년 전에 넘었을 거라고 생각하지 않는가?
– 빌 게이츠

비전을 품은 5등급이 되어라

한 소녀가 있다. 그 소녀는 어렸을 적에 심한 열병을 앓았다. 그 열병은 그 소녀의 삶을 송두리째 변하게 했다. 그녀의 눈을 멀게 했다. 세상을 보지 못하게 만들었다. 그녀의 귀가 들리지 않게 만들었다. 그 결과 세상의 소리조차 듣지 못하게 됐다. 그리고 제대로 된 의사소통을 할 수 없게 만들었다. 하지만 그 소녀는 꿈을 포기하지 않았다.

그 소녀는 많은 것을 스스로 깨우쳤다. 그 결과, 그 모든 장애를 극복한 만큼 많은 일을 해낼 수 있었다. 그녀는 여성과 노동자를 위한 운동을 했다. 또한, 작가로 활동하며 많은 글을 남기기도 했다. 장애인에게 희망을 주는 많은 활동 역시 열심히 했다. 그녀의 이름은 바로 '헬렌 켈러'이다.

장애를 극복하고 많은 일을 이룬 그녀는 우리에게 이렇게 말했다.

"시각장애인으로 태어나는 것보다 더 비극적인 일은 앞은 볼 수 있지만 비전이 없는 삶이다."

당신의 성적이 5등급이라면 당신은 비전을 품고 있는 5등급인가? 아니면 아무런 비전이 없는 5등급인가? 당신의 현재 등급이 5등급이어도 꿈이 있는 5등급이라면 괜찮다. 그러니 당신은 반드시 비전을 품고 있는 5등급이어야만 한다. 지금 당신의 성적이 5등급일지라도, 당신의 비전이 결국 당신의 성적을 1등급으로 만들어줄 것이기 때문이다. 당신에게 간절한 꿈이 있다면 지금의 성적에 좌절할 필요가 없다. 당신에게 시간, 책, 펜만 주어진다면 당신의 성적은 반드시 오를 것이다. 당신의 꿈이 당신의 성적을 그렇게 만들어 줄 것이기 때문이다.

고등학생 시절, 나는 꿈을 품고 있는 5등급이었다. 교육대학교에 들어가겠다는 꿈을 품고 있는 5등급이었다. 당장 내 성적은 5등급이지만 나는 내 꿈을 향한 간절함이 있었다. 그 꿈을 오로지 공부를 통해 이루고 싶었다. 이루고 싶은 간절함이 강할수록 나는 혼자서 공부하는 시간을 늘렸다. 누가 시켜서 늘린 것이 결코 아니었다. 나의 간절한 꿈이 나를 그렇게 만들었다. 새벽 3시 30분까지 공부하게 만드는 나로 만들었다. 2시간만 잠을 자도 피곤하지 않은 나로 만들었다.

잠과 바꾼 혼자 공부는 내 머릿속에 많은 개념을 쌓을 수 있게 도와줬다. 그렇게 내 것으로 만든 개념이 차곡차곡 쌓이기 시작했다. 5등급이었던 성적이 4등급이 되고, 4등급이었던 성적이 3등급까지 올랐다. 그리고 마지막 대학교 자퇴 후 이어진 혼공이 나를 1등급의 성적으로 만들어줬다. 이 모든 게 다 교육대에 가고 싶다는 간절한 꿈 덕분이었다.

5등급인 당신 또한 성적을 올리고 싶은가? 그럼 지금 당장 간절한 꿈을 생각해야 한다. 공부로 얻을 수 있는 그런 간절한 소망을 꿈꿔야만 한다. 구체적으로 상상해야 한다. 구체적으로 상상할수록 그 꿈을 위해 더 많은 시간을 공부할 수 있게 된다. 막연히 성적을 올리고 싶다는 생각을 해서는 안 된다. 왜 내가 성적을 올려야만 하는지 그 구체적인 이유를 생각해야 한다. 그 구체적인 이유가 바로 당신의 간절한 꿈이다. 나의 꿈은 교육대학교에 들어가는 것이었다. 내가 교육대학교에 가려면 성적을 1등급으로 만들어야만 했다. 1등급으로 만들려면 결국은 나의 5등급 성적을 올려야만 했다. 그 꿈을 이루기 위해 반드시 나의 성적을 올려야만 했다.

5등급인 당신도 이렇게 구체적인 꿈을 생각해야 한다. 성적을 올릴 수밖에 없는 이유를 그 꿈과 함께 생각해야 한다. 간절하게 꿈꿀수록 당신의 혼자 공부하는 시간이 늘어난다. 혼자 공부하는 시간이 늘어나면 5등급이었던 성적이 학년이 올라갈수록 꾸준히 올라가는 것을 경험할 것이다.

간절한 꿈을 품었다면 이제 그 꿈을 위해 공부해야 한다. 오랜 시간 의자에 앉아서 공부해야 한다. 1등급이 앉아 있는 시간보다 더 많은 시간을 앉아 있겠다는 마음으로 공부해야 한다. 왜냐하면 나는 지금 5등급이기 때문이다. 5등급인 내가 의자에 앉아 있는 시간만큼 성적이 올라간다는 마음으로 의자에 앉아 있어야만 한다.

또한, 의자에 앉아 있는 시간만큼 효과적인 공부를 해야 한다. 교과에 맞는 학습 전략으로 공부를 해야만 한다. 의자에 오래 앉아 있다고 해서 갑자기 성적이 오르는 것이 아니다. 교과별로 알맞은 학습 전략을 활용해 공부를 해야만 한다. 갑자기 성적이 올라간 친구와 친해지는 것도 많은 도움이 된다. 그 친구가 어렵게 알게 된 전략을 그 친구와 친해짐과 동시에 나는 알 수 있기 때문이다. 빨리 친해질수록 효과적인 학습 전략을 터득하는 데 걸리는 시간을 줄일 수 있다.

지금 5등급인 당신은 당신의 머릿속에 많은 개념이 들어 있지 않다. 구멍이 많이 난 부분을 메꿔줘야 한다. 메꿔주는 방법은 간단하다. 모든 개념을 다 외우면 된다. 내 것으로 만들면 되는 것이다. 항상 모든 개념을 통째로 외운다는 마음으로 공부해야 한다. 나의 장기기억으로 들어오게끔 반복해서 읽으면 된다. 1등급이 10번을 본다면 나는 50번을 본다는 마음으로 공부해야 한다. 1등급이 20번을 본다면 나는 100번을 보겠다는 마음으로 책을 봐야 한다. 지금 내 등급은 5등급이기 때문에 5배의 법칙으로 공부해야 한다.

효과적인 공부법과 함께 공부를 일상으로 만들어라

이제 효과적인 공부법을 활용하며 혼자서 공부하는 시간을 늘리면 된다. 밥 먹고 후식 먹고 간식 먹는 것처럼 공부하는 것이다. 성적을 올리려면 꾸준함이 생명이다. 아침에 눈 뜬 순간부터 잠자리에 들기 전까지 공부가 나의 일상이 돼야 한다. 나의 모든 행동과 모든 생각의 중심에는 공부가 있어야 한다. 공부보다 더 중요한 것은 없다는 마음가짐으로 공부해야한다. 꾸준하게 해야 5등급인 성적이 1등급까지 올라간다.

5등급인 당신은 꾸준하게 공부하는 노력의 천재가 돼야 한다. 이 세상을 바꾸는 사람은 노력의 천재다. 평범한 사람이 이 세상을 바꾸는 것이다. 5등급인 당신은 충분히 성적을 바꿀 수 있다. 노력의 천재가 되는 순간 당신의 성적이 올라가는 것이다. 아무리 타고난 머리를 지닌 사람도 노력의 천재를 이길 수는 없다.

5등급인 당신은 시간을 똑소리 나게 잘 활용해야 한다. 그래야 학년이 올라갈수록 당신의 성적이 오른다. 자투리 시간도 알차게 써야하는 것이다. 내가 쉬고 있을 때, 1등급 친구는 계속해서 공부한다는 마음으로 시간을 알차게 써야 한다. 1등급보다 더 많은 시간을 공부에 투자해야 한다. 그렇게 해야 당신의 성적이 오르기 때문이다. 1등급이 쉬고 있는 시간도 나는 공부를 한다는 마음으로 공부해야 한다.

5등급인 내가 열심히 공부하고 있을 때 누군가 나에게 이렇게 말할 수 있다.

"쟤 갑자기 공부 열심히 하네. 그래봤자 5등급이면서. 저렇게 한다고 과연 성적이 오를까?"

이렇게 주변에서 나에게 떠드는 소리가 있다면 신경 쓸 필요가 없다. 그들은 나의 꿈을 모른다. 나는 그냥 5등급이 아니다. 절실한 꿈을 갖고 있는 5등급이다. 그리고 나는 효과적인 공부법으로 공부하고 있다. 또한 공부하는 시간도 늘리고 있다. 이 두 가지를 모두 병행해서 꾸준함을 유지하고 있다.

그렇기 때문에 나의 성적은 반드시 학년이 올라갈수록 오를 수밖에 없다. 지금 나의 상태는 해뜨기 직전의 상태다. 가장 어두운 순간이다. 그들은 곧 나의 해가 떠오를 것을 모른다. 성적 향상이라는 해가 떠오른다는 것은 오직 나만 알고 있다. 간절한 꿈을 갖고 있는 나만 알고 있는 것이다. 그러니 그들의 말에 일희일비할 필요가 없다. 오직 나의 꿈, 나의 목표를 향해서만 꾸준히 공부하면 된다.

이다. 어렸을 적 자전거 타는 법을 일찍 익힌 사람은 성인이 되도 금방 탈 수 있다. 그 비결은 어렸을 때 익혔던 그 감을 잊지 않고 있었기 때문이다.

공부의 감도 마찬가지다. 교과별 공부하는 방법을 내 것으로 빨리 만들어놓아야 한다. 내 것으로 미리 만들어놓으면 나중에 있을 시험도 완벽하게 대비할 수 있다. 오랜 시간이 흐른 뒤 보게 되는 시험 역시 금방 적응할 수 있다. 이미 나는 그 문제를 푸는 감을 알고 있기 때문이다. 하지만 완벽한 감을 익히려면 그만큼 많은 시간이 소요된다. 그러므로 하루라도 빨리 혼자 공부를 시작해야 한다.

학창 시절의 과업은 첫째도 둘째도 공부다

혼자 공부를 빨리 시작하면 공부에 대한 두려움을 떨칠 수 있다. 공부에 대한 거부감을 없앨 수 있다. 찰리 채플린이 뛰어난 연기를 할 수 있었던 이유도 연기에 대한 두려움이 없었기 때문이다. 그 두려움을 없앴던 가장 큰 이유는 바로 어렸을 적 시작한 배우 생활이다. 공부도 마찬가지다. 일찍 시작하면 할수록 공부를 바라보는 부정적인 생각을 떨칠 수 있다. 혼자 공부를 빨리 시작할수록 오랜 시간 공부를 할 수 있는 시간이 내게 생기는 것이다.

고등학교 1학년에 혼자 공부를 시작한 사람은 3년이라는 세월을 공부에 사용할 수 있다. 반면에 고등학교 2학년에 혼자 공부를 시작한 사람은

2년의 세월만 사용할 수 있다. 이 둘에게는 365일이라는 어마어마한 시간 차이가 존재한다. 일찍 혼자 공부를 시작한 친구는 늦게 시작한 친구보다 어려운 내용을 더 빨리 접하게 된다. 그리고 더 일찍 그 어려운 내용을 해결하는 공부법을 터득하게 된다.

공부법을 터득하게 되면 힘들고 어려웠던 내용이 쉽게 느껴진다. 쉽게 느껴질수록 공부에 대한 자신감이 생긴다. 그 자신감은 공부를 내게 있어 친숙하고 재미있는 존재로 여기게끔 해준다. 공부가 재미있어지는 순간 공부에 대한 두려움은 더는 존재하지 않는다. 그 결과, 나의 잠재의식까지 공부를 긍정적으로 바라보게 된다. 공부가 내 잠재의식에 긍정적으로 받아들여지는 순간, 공부에 대한 거부감은 사라진다. 그러니 혼자 공부를 늦게 시작할수록 공부법을 늦게 터득할 것이고, 공부에 대한 자신감 역시 늦게 생길 것이다. 남들보다 더 여유롭게, 그리고 더 재미있게 공부를 하려면 하루라도 빨리 혼자 공부를 시작해야 한다.

또한, 혼자 공부를 빨리 시작할수록 목적의식을 갖고 생활하게 된다. 사는 대로 생각하는 것이 아니라 생각하는 대로 살게 되는 것이다. 즉, '공부'라는 목적의식을 생각하며 살게 된다. 내 삶이 공부를 위주로 돌아가게 되는 것이다.

어떤 행동을 하든, 어떤 생각을 하든 모두 다 공부를 중심으로 돌아가게 된다. '아, 공부하긴 해야 하는데.'의 사고방식이 아니라 '공부부터 해야 해.'의 사고방식으로 바뀌는 것이다. 인간은 살면서 각 발달 단계에 맞게 해야 할 과업이 있다. 태어난 이후 우리는 울음소리 외에는 할 수 있는 말이 없다. 그래서 잠이 오면 울음소리로 표현한다. 배가 고파도 울음소리로 표현한다. 울음소리만이 하나의 의사소통 수단인 것이다.

하지만 성장할수록 낱말을 말할 수 있게 되고 어느새 문장을 말할 수 있게 된다. 그리고 더 나아가 완벽한 문장으로 의사소통을 할 수 있다. 울음소리밖에 내지 못했던 당신이 어떻게 지금 유창한 한국말을 사용할 수 있을까? 당신은 어렸을 적 일이라 기억이 나지 않을 것이다. 하지만 그 당시의 당신은 그 발달 단계에 맞는 과업을 하고 있었다. 즉 의사소통이라는 목적의식을 생각하며 과업을 달성하고 있었던 것이다.

이렇게 내 삶의 목적의식은 매우 중요하다. 목적의식이 없다면 나의 발달 단계에 맞는 과업이 무엇인지 생각하지 않게 된다. 생각하지 않게 되면 결국 내가 살고 있는 대로 생각하며 행동하게 되는 것이다. 학창 시절 내게 주어진 과업은 첫째도 공부고, 둘째도 공부다. 이것을 놓쳐서는 안 된다. 혼자 공부를 빨리 시작할수록 이 목적의식을 생각하며 생각 있는 삶을 살게 된다. 하지만 혼자 공부를 늦게 할수록 목적의식 없이 사는 대로 생각하고 있는 내가 돼버리는 것이다.

학년이 올라갈수록 성적을 올리는 것은 쉬운 일이 아니다. 그만큼 많은 시간이 필요하다. 또한, 그만큼 공부에 대한 자신감이 있어야 가능한 일이다. 성적을 올리려면 내 삶이 공부를 중심으로 돌아가야 한다. '공부'가 목적인 삶으로 바뀌어야 한다. 지금 당신이 사는 대로 생각하고 있다면 하루라도 빨리 혼자 공부를 시작해야 한다. 혼자 공부를 시작해서 '공부'를 생각하며 사는 나로 바뀌어야만 한다.

8

지금까지와는 격이 다른 공부를 시작해라

내가 가진 감각들이 아니라, 그것으로 하는 무엇인가가 나의 세계다.
– 헬렌 켈러

오직 혼공만이 당신을 당신의 삶의 주인으로 만들어준다

1교시부터 시작되는 수업 시간을 그저 멍하니 앉아만 있다. 그리고 한 번씩 시계를 들여다본다. 어느 덧 쉬는 시간 종이 울린다. 반가운 마음에 자리를 박차고 일어난다. 그리고는 쉬는 시간마다 친구들과 수다를 떠느라 바쁘다. 어느덧 해는 저물고, 야자 시간이 됐다. 책상에 책은 놓여 있지만 자꾸 헛생각이 든다. 잡념이 꼬리에 꼬리를 물고 늘어진다. 그러다 야자 시간이 끝났다. 그리고 친구들을 따라 학원에 간다. 학원에서도 멍하니 선생님의 수업을 듣는다. 그리고 집에 돌아온다. 샤워를 하고, 잠자리에 든다. 다음날이 된다. 학교에 가고 다시 또 똑같은 삶이 반복된다.

혹시 당신의 이야기가 아닌가? 만일 당신의 이야기라면 당신의 삶은 누군가의 것이다. 당신이 주인이 아니다. 오늘부터 당장 당신의 삶을 당신의 것으로 만들어야 한다. 그 방법은 간단하다. 격이 다른 공부를 시작하는 것이다. 그것은 바로 혼공이다. 혼공만이 당신을 당신의 삶의 주인으로 만들어 줄 유일한 방법이다.

당신이 혼공을 하게 된 순간 당신은 당신 삶의 주인이 된다. 그리고 많은 것을 깨닫고, 많은 것을 내 것으로 만들 수 있다. 누군가를 통한 배움은 단지 깨닫는 수준에 불과하다. 내 것으로 만들기에는 한계가 있는 것이다. 혼자서 공부하는 시간이 많고, 혼자서 공부하는 양이 많아야 내 것으로 만들 수 있다.

공자의 『논어』를 보면 당신을 위한 구절이 있다.

"學而時習之 不亦說乎(학이시습지 불역열호)—배우고 때때로 익히면 또한 기쁘지 아니한가."

배우는 것은 누군가를 통해 가능하다. 하지만 익히고 기쁨을 얻기 위해서는 혼공이 필요하다. 누군가를 통한 배움은 단지 배움에서 멈춘다. 혼공을 하고 혼공을 통해서만 내 것으로 익힐 수 있다. 내 것으로 익히는 것이 많아지면 저절로 공부에 대한 기쁨이 내 마음 속에서 나온다. 그 기쁨은 공부를 재미로 만든다. 공부가 재미있어지면 공부를 저절로 많은 시간 동안 하게 된다. 그리고 그 혼공은 학년이 올라갈수록 나의 성적을 올라가게 만든다.

혼공을 통해 많은 개념을 내 것으로 만들면 나의 성적은 올라간다. 하지만 혼공의 목적을 단순히 성적을 올리는 것에만 치중해서는 안 된다. 성적을 넘어선 무언가를 향한 혼공을 해야만 한다. 그것은 바로 내 꿈이다. 내 꿈을 좇는 혼공을 해야 한다. 단지 성적을 올리기 위한 혼공은 나의 시야가 성적 점수에만 국한된다. 그렇게 되면 혼공 안에 숨겨진 많은 보석을 발견할 수 없게 된다. 성적은 올라갔지만 많은 것을 놓친 셈이다.

숨겨진 보석은 오직 혼공을 하는 과정에서만 발견된다. 그렇기 때문에 시간이 지난 뒤 발견하려면 이미 때는 늦었다. 다시 시간을 돌릴 수 없다. 숨겨진 보석을 찾으려면 내 꿈을 좇는 혼공을 해야 한다. 내 꿈을 좇는 혼공을 하면 성적은 저절로 올라간다. 나의 많은 시간을 투자하며 많은 양을 공부하는 것이 혼공이기 때문이다. 그 많은 시간과 많은 양은 나에게 많은 보석을 안겨준다. 보석은 내 간절한 꿈이 무엇인지 알게 해준다. 그리고 그 간절한 꿈을 이루는 수단이 공부라는 것을 깨닫게 해준다.

숨겨진 보석을 많이 찾을수록 나라는 사람을 제대로 알 수 있게 된다. 내가 그동안 몰랐던 나에 대해 알게 되는 것이다. 나를 알면 알수록 나의 강점과 약점을 파악할 수 있다. 그리고 이를 슬기롭게 이용할 수 있다.

내 꿈을 위한 강점을 업그레이드할 수 있다. 내 꿈을 방해하는 약점을 강점으로 바꿀 수도 있다. 꿈을 좇는 공부는 이렇게 나를 변화시킨다. 어제의 내가 아닌 오늘의 새로운 나로 만들어준다. 내일의 나는 오늘의 나와 또 달라지는 것이다. 매일이 성장의 연속이다.

성장의 연속이 지속될수록 성적은 저절로 향상된다. 그리고 성적이 향상되는 만큼 나는 많은 보석을 내 것으로 함께 만들 수 있다. 혼공을 통해 나라는 사람을 내 삶의 주인으로 만들 수 있는 것이다. 그렇기 때문에 단지 성적 향상만을 위한 혼공을 해서는 안 된다. 내 꿈을 좇는 혼공을 해야 한다.

내 꿈을 좇는 혼공을 하면 교과서 한 문장 안에 숨겨진 다양한 의미 또한 파악할 수 있다. 성적 향상을 넘어선 그 문장에 담긴 지혜를 알게 되는 것이다. 당연히 그 한 문장을 외우면 성적이 오른다. 하지만 그 한 문장을 내 것으로 만들면 그 문장 안에 담긴 누군가의 경험 또한 내 것이 된다. 즉, 그 사람의 지혜 또한 내 것이 되는 것이다. 그 지혜와 경험이 내 것이 되는 순간 앞으로 있을 내 인생에 많은 도움이 되는 것이다.

누군가가 알게 된 이론, 누군가 알게 된 깨달음은 교과서에서는 한 문장으로 표현한다. 꿈을 좇는 혼공은 그 한 문장을 외우기만 해서는 안 된다. 그 한 문장을 내 것으로 만들어야 한다. 그리고 내 것으로 만들면서 그 한 문장을 위해 노력했을 그 사람의 시련, 아픔까지 공부해야한다. 그리고 그것을 내 것으로 만들어야 한다. 누군가에게는 한 문장이지만 그 안에는 많은 깨달음이 담겨 있기 때문이다.

단지 성적 향상만을 위한 혼공은 이 깊은 의미가 담긴 문장을 결코 파악할 수 없다. 그 한 문장을 외우는 순간 다른 문장을 공부하는 것이다. 하지만 꿈을 좇는 혼공은 다르다. 그 한 문장을 읽고 그 안에 담긴 의미까지 파악한다. 그 한 문장을 위해 고군분투했을 그 인물을 생각한다. 그 인물의 지혜와 깨달음을 내 것으로 만든다. 그리고 앞으로 닥칠 비슷한 시련과 경험에 그것을 응용하는 것이다. 성적 향상을 넘어 내 삶의 지혜까지 내 것으로 만들 수 있는 것이다.

이렇게 혼공의 힘은 실로 위대하다. 그러니 혼공은 빨리 시작할수록 좋다. 빨리 시작할수록 나에게 더 많은 도움이 되고 나를 위한 삶을 살게 된다. 이미 혼자 공부로 학창 시절의 큰 풍파를 겪은 사람은 다음에 있을 시련에 인내할 수 있다. 또한 앞으로 겪게 될 공부 또한 자신감 있게 해낼 수 있다.

이미 내 도화지에 한 번의 혼공을 통해 큰 그림을 그려나갔다. 새로운 공부는 그 큰 그림 안에 들어갈 작은 그림을 넣는 작업이다. 내가 기존에 그린 그림에 새롭게 추가된 그림만 그리면 되는 것이다. 큰 그림을 그릴 때는 시간이 많이 걸린다. 그리고 많은 양을 알아야 그림을 그려나갈 수 있다.

그만큼 학창 시절 나의 시간과 노력을 공부에 쏟아야 한다. 하지만 작은 그림은 다르다. 이미 많은 시간과 노력을 통해 큰 그림을 그렸기 때문에 쉽게 그릴 수 있다. 적은 시간을 투자해도 여유롭게 작은 그림을 그려나갈 수 있는 것이다. 이미 혼공을 통해 큰 그림을 그린 사람에게는 작은 그림은 그림도 아니다. 그만큼 여유롭게 그릴 수 있고, 적은 시간을 들여 그림을 그릴 수 있다.

혼공은 나를 위한 삶의 시작점이다

공부는 인생의 지혜를 배우는 과정이다. 학창 시절 우리가 인생의 지혜를 배울 수 있는 방법은 단 한 가지다. 오직 공부다. 공부를 통해 내 삶의 지혜를 배우는 것이다. 학창 시절을 지나는 순간 우리에게는 인생의 많은 시련이 닥친다. 위기가 찾아온다. 매 순간 선택을 해야만 하는 상황이 생길 수 있다.

학창 시절의 공부는 내 인생을 내가 주인으로 살기 위한 중요한 발판이다. 그 발판을 제대로 만들어야 내 삶의 주인으로 살 수 있다. 어떠한 시련이 닥쳐도 슬기롭게 극복할 수 있다. 매 순간 선택을 해야만 하는 상황이 생겨도 당황하지 않는다. 내 삶의 주인으로 계속 살 수 있는 선택을 여유롭게 할 수 있다. 그만큼 학창 시절의 공부는 중요한 것이다. 하지만 이런 깨달음과 지혜는 누군가를 통한 배움으로 생기지 않는다. 오직 성적 향상을 위한 혼공으로도 깨달을 수 없다. 꿈을 좇는 혼공을 해야만 인생의 지혜를 배울 수 있는 것이다.

당신이 지금 누군가를 통한 배움을 받고 있다면 오늘부터 혼공해야 한다. 만일 성적 향상만을 위한 혼공을 하고 있다면 당신의 꿈을 바라봐야 한다. 그리고 오늘부터 그 꿈을 좇는 혼공을 해야만 한다. 꿈을 좇는 혼공은 당신을 이 세상의 주인공으로 만들 수 있다. 이 세상의 주인공으로 살 수 있는 힘을 만들어주는 것이다. 혼공을 통해 그 힘을 깨닫고 익히는 순간, 당신의 인생은 기쁨으로 가득찰 것이다.

핵심노트 ⑩ 이것만은 꼭 기억하자!

교과별 공부법, 제대로 알자!

3. 외국어 영역

1) 단어는 동사 위주로 외우자

단어는 동사 위주로 외워야 한다. 동사 위주로 외워야 어느 정도 지문을 해석할 수 있기 때문이다. Many of my apartment neighbors also seriously complain about this noise. 라는 지문이 있다. 2020년 수능 외국어 영역 18번 지문 속 한 문장이다. 어떤 내용인지 모르겠지만 일단 complain이라는 '불평하다'라는 동사의 뜻을 알고 있다면 무엇인가를 불평하고 있다는 정도는 해석할 수 있는 것이다. 물론 모든 영어 단어를 완벽하게 알고 있다면 더할 나위 없이 좋다. 하지만 시간이 부족하다면 동사 위주로 외우는 습관을 들이도록 하자.

2) 듣기는 매일, 기출 문제 위주로 듣자

영어 듣기는 매일 들어야 한다. 자투리 시간이 생길 때마다 영어 듣기를 듣도록 하자. 되도록 기출 문제 위주로 듣는 것을 추천한다. 똑같은 내용의 듣기를 최소 10번 이상은 들어야한다. 원래 배속으로 5번 듣고,

더 빠르게 해서 5번 들어보도록 하자. 그리고 영어 대화가 내 귀에 잘 들리는지 확인하자. 영어 듣기는 반복해서 듣는 것만이 실력을 향상시킬 수 있다. 조용한 환경에서만 듣지 말고, 소음이 어느 정도 있는 곳에서 듣는 것도 많은 도움이 된다. 특히 쉬는 시간, 친구들이 떠들고 있는 그 틈에 영어 듣기 훈련을 하는 것도 도움이 된다.

3) 문제를 풀 때는 철저히 지문에서 근거를 찾아서 해결하자

외국어 영역의 풀이법은 국어 영역의 풀이법과 같다. 단지 언어가 한글이 아닌 외국어로 돼 있을 뿐이다. 외국어 영역 또한 내 감으로 풀어서는 절대 안 된다. 철저히 지문에서 근거를 찾아서 풀어야 한다. 그러므로 지문에서 객관적인 근거를 찾는 훈련을 매일 하자. 시간이 오래 걸리더라도 이 훈련을 반드시 해야만 한다. 그래야 정확하게 푸는 방법을 찾을 수 있기 때문이다. 이 풀이법과 함께 영어 단어를 반복해서 본다면, 학년이 올라갈수록 외국어 영역 등급이 올라갈 것이다.

4. 사탐/과탐 영역

1) 교과서, 기본서를 최소 10번은 읽자

사탐과 과탐은 기본 개념에 충실해야한다. 기본 개념을 충실하게 해놓지 않으면 문제를 해결할 수 없기 때문이다. 최소 10번 이상은 봐야 한다. 내가 기본 개념을 충실하게 정리를 해놔야 심화 내용 또한 공부할 수 있다. 반드시 10번 이상은 본다는 마음가짐으로 공부하자.

2) 심화 내용은 인강으로 해결하자

기본 개념을 혼자 공부로 익혔다면, 심화 내용은 인강을 통해 해결할 수 있다. 인강으로 해결하면 시간을 절약할 수 있기 때문이다. 또한 기본 내용을 탄탄하게 다졌기 때문에, 인강의 심화 내용이 귀에 쏙쏙 잘 들어올 것이다. 사탐과 과탐은 기본 개념만 알아서는 절대 안 된다. 심화 내용까지 꼭 알아야 한다. 그래야만 학년이 올라갈수록 성적이 오른다.

3년이라는 고등학교 시간을 알차게 써야 한다. 자투리 시간까지 활용해서 혼공을 하라. 그리고 '나'라는 사람이 어떤 사람인지 정확하게 파악하라. '나'라는 사람을 파악할수록 내 꿈이 무엇인지 그려질 것이다. 그 꿈이 아주 구체적으로 보일 것이다. 그리고 그 꿈을 향해 나가라. 오직 혼공으로 말이다.

epilogue

간절한 공부가 당신의 꿈을 반드시 실현시킨다!

“선생님, 선생님께서 설명해주면 정말 이해가 잘 돼요. 선생님이 제일 좋아요.”

저학년 아이들은 감정 표현이 솔직하다. 고학년 아이들처럼 먼저 고민하고 말하지 않는다. 그저 느끼고 생각하는 대로 바로바로 표현한다. 고학년 아이들은 대신 편지나 일기에 솔직한 마음을 표현한다. 입이 아닌 글로 대체하는 것이다. 그래서 저학년과 고학년 담임을 맡을 때, 그 기쁨 또한 또 다른 기쁨이다. 내가 꿈을 좇는 공부를 하지 않았다면 이 또 다른 기쁨을 맛볼 수 있었을까? 아마 불가능했을 것이다. 내가 원하지 않는 직장을 다니고 있거나, 집에서 아이를 키우고 있는 전업주부였을 것이다.

현재 나는 10년차 초등학교 교사다. 초등학교 교사가 되기 위해 나는 혼자 공부를 택했다. 즉, 남들이 한 번도 걷지 않은 길을 내가 직접 선택한 것이다. 하지만 두려움보다는 해내고 싶은 용기가 컸다. 그래서 나 스스로 묵묵히 그 길의 목적지까지 걸어갔다. 때로는 평지처럼 편한 길이 나왔다. 때로는 암벽 등반을 하는 것처럼 힘든 길도 나왔다. 하지만 힘들다는 이유로 그 길옆에 나를 도와줄 사람은 아무도 없었다. 평지의 길도, 암벽 등반의 길도 오직 나 스스로 고민하고 스스로 해결해야 했다.

스스로 해결하면서 나는 많은 깨달음을 얻었다. 삶의 지혜를 깨달을 수 있었다. 그리고 내 마음을 잘 다스리는 법을 알 수 있었다. 나만의 노하우를 터득할 수 있었다. 그리고 그 모든 것들이 나를 목적지까지 포기하지 않고 갈 수 있게 만든 원동력이 됐다. 목적지까지 가는 과정은 물론 힘들었지만, 그 과정 안에서 분명 기쁨도 맛보았다. 간절한 꿈이 나를 믿게 해주었고, 그 믿음 덕분에 나는 현재 10년차 초등학교 교사로 재직 중이다.

이 글을 읽고 있을 당신도 이제는 꿈이 있을 것이다. 그리고 그 꿈을 오직 공부로 실현하기 위해 노력할 것이다. 처음에는 물론 두렵고 힘들다. 하지만 지금 이 혼자 공부를 잘 이겨내야 앞으로 닥칠 시련을 잘 극복할 수 있다. 갈대 마음집이 아닌 탄탄한 마음 집으로 잘 견뎌낼 수 있는 것이다. 혼자 공부는 내 마음의 집을 탄탄하게 짓는 것과도 같다. 물론 혼자 공부는 학년이 올라갈수록 성적을 올려주기도 한다.

하지만 결국 혼자 공부를 택하는 목적은 내 마음의 탄탄한 집을 짓기 위해서다. 앞으로 있을 모든 내 인생의 시련을 지혜롭게 극복하기 위한 수단인 것이다. 혼자 공부를 하면 속대화를 많이 할 수 있다. 그리고 혼자 공부를 하면 나라는 사람을 파악할 수 있다. 처음부터 끝까지 혼자 공부는 나와 함께 하는 과정이다. 그렇기 때문에 나의 강점과 약점을 파악할 수 있고, 약점 또한 강점으로 만들 수 있는 것이다. 이렇게 약점까지 강점으로 만들고 나면 무엇이든 해낼 수 있다. 수능이 아닌 또 다른 공부 또한 자신감 있게 해낼 수 있는 것이다. 처음 공부가 어렵지, 두 번째부터는 자신감 있게 할 수 있다. 계획부터 마무리까지 더 완벽하게 해낼 수 있는 것이다.

또한 혼공을 하는 과정에서 당신은 삶의 지혜를 깨달을 수 있을 것이다. 이것은 공부가 아닌 다른 일이 내게 닥쳐도 슬기롭게 극복할 수 있는 힘을 제공한다. 그렇기 때문에 학창 시절, 혼자 공부는 꼭 해야 한다. 반드시 해야만 한다. 그리고 혼자서 공부하는 시간을 꼭 늘려야한다. 또한, 혼자서 공부를 하면서 자주 속대화를 해야 한다. 그 과정에서 갈대와 같던 마음이 나무 집으로 변하고, 나무 집이었던 마음이 시멘트 벽돌 같은 탄탄한 집으로 변하는 것이다. 고등학교를 졸업하고 나면, 나와의 속대화를 할 시간이 줄어든다. 직장 생활을 하게 되면 더욱 그렇다. 쉼 없이 매일 쏟아지는 업무량은 당장 내 눈앞에 주어진 일을 해내기에 급급하게 만든다. 그래서 나를 파악할 수 있는 시간이 그만큼 없어진다.

그렇기 때문에 나를 제일 잘 알아갈 수 있는 시기는 학창 시절이다. 특히 고등학교 시절이다. 그 골든타임을 절대 놓쳐서는 안 된다. 3년이라는 고등학교 시간을 알차게 써야 한다. 자투리 시간까지 활용해서 혼공을 하라. 그리고 '나'라는 사람이 어떤 사람인지 정확하게 파악하라. '나'라는 사람을 파악할수록 내 꿈이 무엇인지 그려질 것이다. 그 꿈이 아주 구체적으로 보일 것이다. 그리고 그 꿈을 향해 나가라. 오직 혼공으로 말이다. 나를 위한, 그리고 내 꿈을 향한 공부를 해라. 이 사실을 절대 잊지 말자. 나를 빨리 파악한 사람이 더 빨리 성공하고 더 큰 꿈을 향해 먼 미래를 내다볼 수 있다는 것을 말이다. 오늘도 꿈을 향해 혼공을 하고 있을 당신을 열렬히 응원한다.

공부 잘하는 친구와 해도 안 되는 친구의 결정적 차이는 '혼자 공부'다!

꿈은 절대 쉽게 이루어지지 않고, 성적 역시 쉽게 올라가지 않는다. 학교에서 앉아 있는 것만도, 학원 숙제를 하는 것만도 벅찬 학생들에게 혼자 공부는 너무 멀게 느껴질지도 모른다. 그러나 주변을 보면 느낄 수 있다. 여러 학원과 과외를 전전하면서도 성적이 오르지 않는 학생과 공부하는 대로 성적이 쭉쭉 오르는 학생 사이에는 무슨 차이가 있을까? 바로 혼자 공부이다.

같은 시간 동안 공부를 한다면 차이는 방법에 있을 수밖에 없다. 그 첫걸음은 잘못된 공부법을 인정하는 것이다. '나는 머리가 나빠서, 쟤는 더 머리가 좋고 비싼 학원을 다니니까' 등의 이유를 찾기 전에 자신의 공부법부터 돌아보자. 그리고 공부의 주도권을 찾는 것이 중요하다. 시간보다 질이 중요하다. 공부의 질은 주도권이 학생 자신에게 있느냐에서 판가름 난다. 주도권을 가지고 있으면 질은 물론 시간관리까지 저절로 된다.

이 책은 저자가 혼자 공부를 하며 깨달은 공부 노하우, 마음을 다스리는 법, 독학을 꾸준히 하는 전략 등을 담았다. 1장은 공부를 잘하는 친구들에게는 어떤 노하우가 있는지 이야기한다. 2장은 열심히 공부를 하고 있지만 왜 성적이 올라가지 않는지 그 이유를 체계적으로 이야기한다. 3장은 실제로 독학을 하면서 깨닫고 익힌 공부 노하우를 공개한다. 4장은 혼공을 꾸준히 실천할 수 있는 방법, 5장은 왜 혼공을 선택해야만 하는지에 대한 이유를 풀어놓는다.

혼자 공부를
가능하게 만드는 힘은
꿈에서 나온다!

'꿈'을 좇는 '공부'는 처절하다!

인생이 재미없다는 말은 꿈이 없다는 것과 같고,
꿈이 없으면 공부를 대충할 수밖에 없다.
이루고 싶은 것이 없으니 처절하게 할 수 있을 리 없다.

+ 혼자 공부를 위한 8가지 도움말!

❶ 마음 다스리기
❷ 혼공 드림킬러 차단하기
❸ 시간 똑소리 나게 활용하기
❹ 밥 먹고 간식 먹듯 공부하기
❺ 어떤 환경에도 적응하기
❻ 이미 이룬 것처럼 행동하기
❼ 꾸준함 유지하기
❽ 건강한 몸 관리하기

공부한 시간보다 중요한 것은 효율적인 전략이다!

ISBN 978-89-6637-764-0
값 15,000원